정치,
알아야
세상을
바꾼다

정치,
알아야
세상을
바꾼다

정청래 지음

|주|자음과모음

내 것이 내 것이 아니다

내 것이 내 것이 아니다. 내가 하루를 보내면서 쓰는 물건 가운데 스스로 만든 것이 있을까. 아침에 나를 깨워 주는 스마트폰, 양치질할 때 쓰는 치약과 칫솔, 밥상에 올라오는 음식, 추위를 막아 주는 옷 그리고 출근길의 자동차……. 분명 내가 구입했지만 직접 만든 것은 없다. 형식과 제도에 따라 잠시 소유했을 뿐이다. 자신이 소유하고 쓰던 물건이라도 언젠가는 버려지거나 교체된다.

사람은 혼자 의식주를 해결할 수 없다. 누군가 농사지은 농산물을 먹고, 누군가 만들어 놓은 옷을 입고, 누군가 지어 놓은 집에서 산다.

비단 눈에 보이는 물건만 그럴까. 사람은 누구나 하루 24시간 1년 365일 동안 누군가 만들어 놓은 법과 제도 그리고 규칙에 따라 움직인다. 내가 지켜야 할 법과 제도 또한 누군가 만든 것이다. 오전 9시 출근, 낮 12시 점심식사, 오후 6시 퇴근. 물론 이 규칙에서 벗어나 생활하는 사람도 있지만 그들 역시 또 다른 규칙을 따른다. 이 가운데 우리 자신이 결정한 규칙은 얼마나 될까.

또 청소년의 삶은 어떤가. 태어나서 유치원에 가고, 초등학교 6년, 중학교 3년, 고등학교 3년, 대학교 4년…… 이런 제도를 자신이 선택할 수 없을까. 예를 들면 초등학교는 5년만 다니고 중학교는 4년을 다니고 그러면 안 될까. 대학교는 내 마음대로 가고 싶은 대학을 가면 왜 안 될까.

사람은 혼자서 살 수 없다. 인간을 '사회적 동물'이라고 부르는 이유가 여기 있다. 내가 누리는 것이 내 것 같으면서도 내 것이 아니다. 내 마음대로 할 수 있을 것 같지만 가능한 것이 별로 없다. 누군가 만들어 놓은 물품을 사용하고 누군가 만들어 놓은 법과 제도에 따라 생활한다.

법과 제도만 그럴까. 내가 알고 있는 지식과 정보도 따지고 보면 내 것이 아니다. 누군가 먼저 연구하고 기록하고 저장해 둔 것을 적절히 꺼내 쓸 뿐이다. 자유자재로 쓰는 말과 글도 내가 만든 것이 아니다. 사칙연산, 방정식, 피타고라스 정리, 미분과 적분 역시 내가 만든 것이 아니다. 즐겨 쓰는 카메라나 인터넷, 온라인게임도 직접 만든 것이 있는가.

사람이 만물의 영장이 된 것은 개개인이 뛰어나서가 아니다. 수렵과 채취 생활을 거쳐 농사를 짓고 정착하면서, 사람과 사람이 모여 무리(사회)를 이루면서 인류의 진화가 시작되었다. 공동체를 이루면서 문자와 기록이 필요했고, 그 과정에서 집단의 지혜를 바탕으로 지식과 정보가 탄생했다. 지식과 정보가 발달하여 문명이 태동하고 마침내 개인의 능력을 뛰어넘는 조직화된 사회의 힘이 개인의 힘을 압도했다.

조직화된 사회의 결정체는 결국 여러 단계를 거쳐 국가의 형태로 외화(外化)되었다. 국가에는 많은 국민이 있고 서로 다른 국민 개개인의 뜻을 파악해야 했다. 국민의 뜻을 모아야 했다.

국민의 뜻을 알고, 모으고, 국민들을 일정한 규칙에 따라 규율해야 했다. 그래서 법과 제도가 필요했다. 법과 제도가 없으면 중구난방 질서 없는 혼란의 세계로 빠지니까 법과 제도를 만드는 것, 그것이 정치다.

나는 정치란 많은 사람들의 의사 결정 또는 의사 결정 과정의 모든 행위라고 이 책에서 규정했다. 국민들의 의사를 물어 법을 정하고, 국민들이 정해 준 법에 따라 행정을 하고, 국민들이 정해 준 법에 따라 형벌 제도를 정한다. 많은 국민들이 결정했기에 대통령부터 국민들까지 입법, 행정, 사법의 규칙을 따라야 한다.

민주주의를 구분하는 기준은 여러 가지다. 얼마나 많은 사람들이 국가의 권력 체계에 주인으로 참여했는가, 1인이나 특정한 소수의 뜻에 따라 국가 권력이 결정되었는가 혹은 그렇지 않은가 등이다. 민주주의란 말 그대로 백성이 나라의 주인으로 역할을 했는가의 여부다.

민주주의도 오늘을 사는 우리가 만든 것이 아니다. 민주주의의 바로미터인 보통·평등·직접·비밀 투표권은 어느 날 갑자기 하늘에서 툭 떨어진 것이 아니다. 국민 모두가 투표권을 갖기 위해 수많은 선조들이 수백, 수천 년 동안 피 흘리며 싸워 얻은 값진 선물이다. 민주주의와 참정권을 위해 자신을 희생한 수많은 분들의 노고를 잊으면 안 된다.

그렇다. 나의 의식주도 따지고 보면 내가 만든 것이 아니고, 나의 소유도 아니다. 내가 따르는 법과 제도도 나의 창작품이 아니다. 심지어 내가 알고 있는 나의 지식과 정보도 결국 나의 것이 아니다.

이 책 『정치, 알아야 세상을 바꾼다』도 정청래의 것이 아니다. 여기에서 다룬 지식과 정보도 정청래 혼자만의 것이 아니다. 말과 글을 만들고 기록하고 연구한 많은 사람들, 생활과 문화를 만들어 역사를 먼저 살아간 수많은 사람들의 합작품이다.

정청래만의 책이 아닌 이유가 또 있다. 이 책에 필요한 지식과 정보를 인터넷에 올려놓은 수많은 기록자들, 나는 이런 고마운 분들 덕분에 검색이라는 간편한 방법으로 다양한 지식과 정보를 살펴보고 편집해서 활용할 수 있었다. 그러하기에 이 책의 저자는 정청래 혼자가 아니라 이름 모를 수많은 사람들임을 솔직히 고백한다.

책이 나오기까지 나와 머리를 맞대고 뼈대를 세우고 줄기를 만들고 잔가지와 잎사귀를 붙여 준 자음과모음 출판사 최성휘 차장과 편집자들, 출간을 허락해 준 정은영 대표도 또 다른 공동 저자다. 내 눈에 보이지는 않지만 디자인하고 인쇄하고 운반하는 데 수고를 아끼지 않은 모든 분들이 모여서 이 책을 만들었다.

수천만 년 전부터 지식과 정보를 제공해 주신, 먼저 살다 가신

모든 분들께 감사드린다. 현재 동시대를 살고 있는 모든 분들께
도 감사드린다. 이 책을 직접 만들어 주신 모든 분들께 감사드린
다. 이 책을 사서 읽을 분들께도 미리 감사드린다.

2019년 11월 17일 일요일 저녁
마포 사무실에서
정청래 씀

차례

1

내 곁의 정치

인간들이 모여 대화를 나누고
공동의 행위를 이끌어 내는 바로 그곳에서
진정한 권력이 형성된다.
-한나 아렌트

인간은 정치적 동물

혼자서는 못 살아

인간은 여럿이 어울려 살아갑니다. 공동체를 이루어 도움을 주고받으며 의식주를 해결하고 삶을 이어갑니다. 끊임없이 관계를 맺으면서 학교를 다니고 가정을 꾸리고 사회생활을 합니다. 이 세상에서 나 홀로 살아간다는 것은 거의 불가능에 가깝습니다. 그렇기에 아리스토텔레스는 『정치학』에서 '인간은 사회적 동물'이라고 명쾌하게 정리했습니다.

우리가 입는 옷 하나에도 수천만 년에 걸쳐 갈고닦은 인류의 기술이 담겨 있을 뿐 아니라, 다양한 분야에 걸친 수많은 사람들의 노동과 수고가 들어 있습니다.

옷을 만드는 공장에는 노동자와 기술자가 있습니다. 공장의 장비는 대개 쇠로 만드는데, 이 쇠의 원료는 광산에서 캐는 철광석입니다. 제철 회사가 철광석을 모아 쇠로 제련합니다. 광산에도 제철 회사에도 노동자와 기술자가 있습니다. 쇠든 옷이든 이를 유통시켜야 하는데 이때 차량, 선박, 항공기 같은 운송 수단이 필요하게 됩니다. 이 과정에도 역시 수많은 노동자와 기술자의 노력이 들어갑니다.

이처럼 옷 하나를 만드는 데에도 숱한 관계들이 씨줄과 날줄처럼 엮여 있듯이, 인류는 '보이지 않는 끈'으로 연결되어 살아간다고 할 수 있습니다.

다르니까 소통

인간은 생존을 위해 공동체를 이루었습니다. 그렇기에 공동체 안에서 자기주장만 내세우거나 고집불통으로 행동해서는 안 됩니다. 서로 돕고 보살피면서 다 함께 행복을 추구해야 올바른 공동체라 할 수 있습니다. 이를 위해 무엇보다 중요한 건 '의사소통'입니다. 사람은 저마다 생김새와 지문이 다르듯이 생각과 관심도 다르기 마련입니다. 이 다름 때문에 종종 충돌과 다툼이 일어나고 갈등(葛藤)*이 생기게 됩니다. 이를 내버려 두면 공동체가 무너질 수도 있습니다.

소통을 원활하게 하며 갈등을 조정하고 해결하는 일이 바로 '정치'입니다. 국립국어원 표준국어대사전에서는 정치를 "나라를 다스리는 일. 국가의 권력을 획득하고 유지하며 행사하는 활동으로, 국민들이 인간다운 삶을 영위하게 하고 상호 간의 이해를 조정하며, 사회 질서를 바로잡는 따위의 역할을 한다"로 풀이하고 있습니다.

그런데 정치를 더 넓게 확장해서 보면 학급 회의나 동네 사람들이 모이는 반상회도 모두 정치 활동에 속합니다. 결국 정치란 서로 부딪치는 의견을 조정해서 사회 질서를 유지하고, 모든 사람이 행복한 생활을 할 수 있도록 의사 결정**을 하는 것이라고 볼 수 있습니다.

또한 의사 결정 과정의 모든 행위 또는 갈등을 조정하는 것 그리고 나라를 다스리는 일이라 할 수 있습니다. 그래서 의사를 통일하는 과정, 의사를 결정하는 과정을 '정치 행위'라고 말할 수 있습니다.

이런 면에서 정치는 정치인만 하는 것이 아니고 이 땅에 사는 모든 국민이 정치를 하고 있다고 볼 수 있습니다. 그렇기에 정치는 단순히 정치가만의 문제가 아닙니다. 정치가 잘못 행해지면 모든 사람이 고통받게 되므로, 정치는 모든 사람의 문제가 됩니다.

한마디로 정치는 공동체를 지키는 일입니다. 공동체가 잘 유지돼야 우리는 인간답게 살 수 있고 모두가 행복할 것입니다. 그런데 공동체를 지키는 일에 '너'와 '내'가 따로 있을까요? 그렇지 않습니다. 정치가 잘못되면 공동체가 고통을 받습니다. 정치는 곧 '나'의 일이자 '우리'의 일일 수밖에 없습니다.

정치는 남이 하는 게 아니라 내가 하는 것입니다. 대한민국 국민은 누구나 언제 어디서나 정치를 할 수 있습니다. '인간은 사회적 동물'이란 말은 곧 '인간은 정치적 동물'이란 뜻이기도 합니다. 사회적이라는 말이 원문에는 정치적 공동체인 polis(폴리스)로 표현되어 있기 때문입니다.

나는 지금 '정치'하러 간다

누구나 할 수 있는 정치참여

흔히 정치를 크고 거창한 것이라 생각하고 정치인의 전유물 정도로 인식하고는 합니다. 그렇지만 정치는 생각보다 가까이에서 우리를 기다리고 있습니다.

"동네 도로가 파손됐어요. 얼른 고쳐 주세요"라거나 "학교 운동장에 물이 잘 빠지지 않아서 비만 오면 진창이 됩니다"라고 신고하는 일도 정치적 행위입니다. 시민°들은 다양한 방식으로 정부나 지방자치단체 또는 각 정치단체를 감시하고 비판할 수 있으며,

정책과 사안에 의견을 내고 영향력을 행사할 수도 있습니다. 이런 행위들을 통틀어 '정치참여'라 합니다. 정치참여로 사회와 나라의 변화와 발전이 이루어지고 생활환경이 좋아지기도 합니다. 더불어 시민들의 공동체에 대한 소속감과 책임감도 높아지게 됩니다.

내 손으로 세상 바꾸기

센트럴파크, 자유의여신상, 엠파이어스테이트빌딩은 미국 뉴욕시의 대표적인 랜드마크이자 관광 명소입니다. 여기에 맨해튼의 도시재생 공원 하이라인파크(High Line Park)가 새로운 명소로 떠오르고 있습니다.

하늘공원으로 불리는 하이라인파크는 원래 화물열차가 다니던 철도였습니다. 1929년 지상 9미터 높이에 건설된 하이라인 위로 무수히 많은 화물을 실어 날랐지만, 도로의 발달로 쓸모를 다해 1980년에 운행을 중단했습니다. 철도 주변 주민들과 개발업자들은 하이라인이 도시의 흉물이라며 철거를 요구했고 당시 루돌프 줄리아니 뉴욕 시장도 이에 반대하지 않는 분위기였습니다.

그러던 어느 날 극적인 반전이 이루어졌습니다. 1999년에 창업 컨설턴트 로버트 해먼드와 자유기고가 조슈어 데이비드가 하이라인의 공원화를 주장하며 여론의 흐름을 바꾸어 놓은 것입니다. 하이라인이 뉴욕의 역사와 문화를 담고 있으니 보존하여 재생하자는 것이었습니다. 순식간에 뉴욕의 많은 시민이 두 사람의 주장에 동조했고 곧바로 '하이라인 친구들(Friends of the High Line)'이라는 시민 단체가 결성됐습니다.

이 단체가 중심이 되어 철거 무효 소송을 벌이며 여론전을 펼치는 한편 유명 사진작가들이 출판과 사진전 등을 통해 기금을 마련했고, 하이라인 재생 설계 공모전도 기획해 시민들의 관심을 증폭시켰습니다. 2002년에 새 시장으로 당선된 마이클 블룸버그가 하이라인 재생을 긍정적으로 받아들이면서 버려졌던 철길은 시민들의 문화공간으로 탈바꿈하게 됐습니다.

2009년에 첫 구간을 시민들에게 선보인 하이라인파크는 2014년에 마침내 뉴욕의 명실상부한 하늘공원으로 재탄생했습니다. 총 2.33킬로미터에 이르는 거리에 꽃과 나무를 심어 두고, 벤치를 두어 앉을 곳도 충분히 설치했습니다. 휴식 공간으로 제격이라며 시민들의 찬사가 이어졌습니다. 허드슨강을 따라 남북으로 이어진 하이라인은 주변 풍광이 뛰어난 데다 9미터 높이에서 빌딩 숲을 지나가기 때문에 맨해튼의 명물인 마천루를 평지와는 다른 각도로 감상할 수 있습니다.

대도시의 안식처로 거듭난 하이라인파크에서 여가를 보내는 사람들.
시민의 자발적인 정치참여의 중요성을 보여 주는 사례다.

하이라인파크는 단기간에 뉴욕의 '핫 플레이스'로 떠오르며 이제는 한 해 500만여 명이 찾는 명소 중의 명소가 됐습니다. 뉴욕시에 따르면 하이라인파크는 1만 2000개의 일자리와 20억 달러(우리돈 2조 3000억 원)에 이르는 경제 창출 효과를 가져왔습니다. 두 사람이 시작한 하이라인 철거 반대운동은 시민들의 정치참여가 왜 필요한지를 아주 잘 보여 주는 사례라 할 수 있습니다.

경제적 이익과 문화적 측면, 두 마리 토끼를 잡은 뉴욕 하이라인파크는 '도시 민주화'의 성공 사례로 세계가 주목했습니다. 보통은 철거와 개발로 이어지며 토지소유자와 개발업자의 이익을 보장해 주던 관행에 제동을 걸고 사안을 전혀 다른 시각으로 볼 수 있게 만든 것입니다.

시민들이 직접 참여한 것은 아니지만 고가도로를 공원으로 변신시킨 서울역 앞 '서울로 7017'도 하이라인파크를 벤치마킹한 사례입니다. 하이라인파크가 보여 준 도시 민주화 사례는 앞으로 세계 곳곳의 도시와 시민에게 큰 영향을 미칠 전망입니다.

1만 명을 모았더니

여의도에 있던 MBC 방송국 본사가 마포구 상암동 디지털미디어시티로 이전하게 된 것도 도시 민주화의 한 사례로 들 수 있습니다. 당시 MBC 방송국은 디지털미디어시티의 땅값이 워낙 비싸 경기도 등 다른 곳을 알아보던 참이었습니다. 이에 마포 지역 주민들이 지역구 국회의원과 함께 MBC 방송국 본사 유치에 나섰습니다.

주민 100여 명이 상암동의 한 교회에 모여 'MBC 방송국 유치 추진위원회'를 결성하고 서명운동 등 본격적인 활동에 들어갔습니다. 주민들이 적극적으로 지역을 누비며 유치전을 벌인 결과 두어 달 만에 1만 명이 넘는 서명을 받을 수 있었습니다.

이를 서울시에 제출하자 시도 "주민들이 원한다면 MBC가 공공기업인 만큼 땅값을 현실적으로 조정하겠다"며 전향적으로

주민들의 정치참여를 통해 상암동에 MBC를 유치하고 이후 여러 방송국이 자리 잡은 모습.

받아들였습니다. 부지 비용의 30퍼센트 정도만 보유하고 있던 MBC 방송국은 숨통이 트였고 디지털미디어시티 이전이 가능하게 됐습니다. 마침내 2010년에 방송국 공사가 시작됐고 2014년 MBC 방송국의 상암동 시대가 열렸습니다. 이후 JTBC, SBS, YTN 등 여러 방송국이 잇따라 상암동으로 이전하면서 비로소 '디지털미디어시티'라는 이름에 걸맞은 곳으로 자리매김하게 됐습니다.

현재 DMC로 불리는 디지털미디어시티는 수많은 사람들이 찾는 장소로 명성을 떨치고 있습니다. MBC 방송국 본사 이전은 주민들의 직접적인 참여가 어떻게 도시의 정책을 바꾸고 도시의 기능을 살리며, 도시의 역사를 새로 쓰는지 명확하게 보여 줍니다.

청소년에게 정치를!

정치는 나이 불문

"청소년은 정치에 참여하면 안 되나요?"

"정치에 참여하려면 어떻게 하면 되나요?"

이런 질문을 종종 받습니다.

투표는 가장 적극적인 정치 행위라고 할 수 있습니다. 그런데 우리나라는 투표가 가능한 나이가 만 19세 이상입니다. 19세 미만 청소년은 투표를 할 수 있는 선거권이 없습니다. OECD(경제협력개발기구) 소속 36개국 가운데 34개국이 18세부터 선거권을 줍니다. 오스트리아는 16세부터 투표를 할 수 있습니다. 많은 나라가 대한민국보다 청소년의 참정권을 폭넓게 적용하고 있습니다.

〈OECD 국가 선거 연령〉

선거 연령	해당 국가
16세	오스트리아
18세	그리스, 네덜란드, 노르웨이, 뉴질랜드, 덴마크, 독일, 라트비아, 룩셈브루크, 리투아니아, 멕시코, 미국, 벨기에, 스웨덴, 스위스, 스페인, 슬로바키아, 슬로베니아, 아이슬란드, 아일랜드, 에스토니아, 영국, 이스라엘, 이탈리아, 일본, 체코, 칠레, 캐나다, 터키, 포르투갈, 폴란드, 프랑스, 핀란드, 헝가리, 호주
19세	대한민국

(출처: 국회입법조사처)

2017년에 전국 여러 단체와 청소년들이 모여 '촛불청소년인권법제정연대'을 결성했습니다. 이들은 '청소년을 시민으로, 청소년 참정권 확보'를 내걸고 투표할 수 있는 나이를 18세로 낮추자는 서명운동을 벌이고 집회를 열었습니다.

선거 연령은 법으로 정하기 때문에 국회의원들이 결정합니다. 그러니까 촛불청소년인권법제정연대가 국회의원들을 향해 '18세에게 참정권을 달라'고 청원하고 압력을 행사한 것입니다. 이 주장에 동참한 청소년에게 비록 선거권은 없지만 이들은 분명하고 적극적으로 정치참여를 실천한 것입니다.

정치를 하는 데에 나이는 중요하지 않습니다. 예전에 교복 자율화, 두발 자유화를 주장했던 청소년들도, 요즘 거리에서 피켓을 들거나 마이크를 잡고 특정한 주장을 하고 의견을 내는 청소년들도 모두 정치를 하는 것입니다.

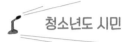

청소년도 시민

청소년의 정치에 대한 관심은 갈수록 높아지고 있습니다. 통계청이 발표한 '2018 청소년 통계'에 따르면 2017년 당시 청소년(만 10~19세) 중 87.6퍼센트가 '청소년도 사회·정치 문제에 관심을

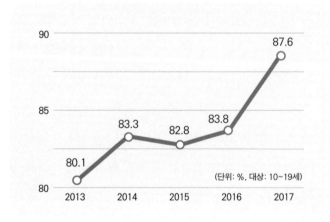

〈청소년이 느끼는 사회·정치 참여의 필요성〉

(단위: %, 대상: 10~19세)

(출처: 통계청)

가지고 참여할 필요가 있다'고 응답했습니다.

2013년 80.1퍼센트, 2016년 83.8퍼센트에 비하면 가파른 증가세를 보이고 있습니다. 그러나 사회는 여전히 청소년을 '아이' 취급하며 '미성숙한 존재'로 대하는 데다 학업이 우선시되는 풍조 탓에 청소년의 정치참여는 어렵기만 합니다. 청소년이 일상적으로 정치참여를 하려면 사회가 함께 변해야 합니다.

준비된 십대들

2019년 8월에 여의도 국회 헌정기념관 대강당에서 '2019 전국학생 모의국회'가 열렸습니다. 두 번째 맞는 모의국회로 '전국학생 4-H연합회'에 속한 청소년 200여 명이 참여해 각각 국무위원과 국회의원이 되어 국회 본회의 형식에 따라 대정부 질문과 법안 심사를 진행했습니다.

이 모의국회에서 대정부 질문 주제는 ▷만 16세 이상 교육감 선거권 부여 ▷GMO(유전자변형농산물) 연구 특별 관리 대책 ▷반려동물에 의한 사고 예방 대책이었고, 법안 심사는 ▷건물 내 녹색 시설 설치 의무화법 제정안 ▷농산물 원산지 색 표시제 법률 제정안 ▷AI(인공지능) 손해배상 책임법 제정안 ▷미세플라스틱 사용 제한을 위한 법률 개정안 등으로 자유 토론과 찬반 표결로 진행했습니다.

모의국회를 준비하면서 각 지역의 청소년이 마련한 57개 법안도 이날 함께 소개됐습니다. 전국학생4-H연합회는 2018년 기준으로 1552개 학교의 5만 5920명이 속해 있으며 지도교사의 지도 아래 각종 과제 활동을 통해 역량을 키워 가고 있습니다.

그 자리에 참여한 청소년들은 크고 작은 문제를 가릴 것 없이 꼼꼼하게 조사해 준비했고, 국회의원 못지않은 말솜씨를 뽐내기도 했습니다. 그때 청소년들이 입법 발의한 내용들은 현역 국회의원들이 참고 자료로 활용할 정도로 훌륭했습니다.

사실 청소년들은 이미 학교에서 정치를 하고 있습니다. 학급

청소년 스스로 민주주의 원리를 경험하는 모의국회.

회의라든지 학교 규칙이나 규범을 정하는 자리에서 각자 의견을 밝히고 토론을 하는 것이 정치참여입니다. 서로의 의견과 생각이 달라도 존중하고 합의해 가는 것이야말로 정치의 기본입니다.

어메이징 프랑스 어린이 의회

프랑스는 오래전부터 청소년의 정치참여와 민주 시민의 양성을 위해 노력해 왔고 그 흐름의 하나로 1994년 당시 국회의장의 제안으로 '어린이 의회'가 시작됐습니다. 프랑스의 해외 영토를 포함해 577개 지역구에서 뽑힌 577명의 어린이가 하원의원이 되어 입법 활동을 벌이는 것입니다.

어린이 의원들이 법안을 만들어 제출하면 전문가들이 그중 10개를 선정하고 다시 어린이 의회를 통해 최종 3개가 채택되는 과정을 거칩니다. 채택된 법안은 지역구 의원이 공식 법률로 만들지 검토하게 됩니다. 전 과정은 체계적이고 엄격한 심사와 규정에 따라 이루어집니다.

어린이 의회는 모의가 아니라 진짜 법을 만드는 과정으로 프랑스 의회와 현역 의원들은 어린이 의원들을 도와야 할 의무가 있습니다. 어린이 의회에 참가하려면 프랑스 초등학교에서 가장 높은 학년인 5학년을 대상으로 어린이 의회 연구회를 구성해 대표를 뽑아야 합니다.

핀란드는 프랑스 어린이 의회를 모델로 삼아 1998년부터 2년에한 번씩 청소년 의회를 개최합니다. 청소년 의원의 숫자는 199명으로 핀란드 현역 의원과 같습니다. 청소년 의회에 참석한 핀란드행정부 장관들은 청소년 의원이 던지는 질문에 답을 해야 합니다. 2018년에는 의료진 부족, 테러 대비책, 학교 예산 문제 등에 대한159개의 질문이 쏟아졌고 해당 장관과 정치인들은 진땀을 뺐습니다. 이 장면은 텔레비전으로 고스란히 생중계 됐습니다.

독일은 1985년에 청소년 의회가 시작됐습니다. 청소년 의회는 법적 공식성을 가진 기구로 독일 대부분의 주(州)는 주 헌법에"청소년의 이해와 관련된 계획을 세울 때, 청소년들을 적절한 방식으로 참여시켜야 한다"라고 명시해 청소년의 정치참여를 보장하고 있습니다. 청소년 의회는 '청소년들의 이해와 관련된 모든문제'에 대해 스스로 결정해서 다룰 수 있는데, 가장 많이 다뤄지는 주제가 청소년의 생활공간과 놀이공간이라고 합니다.

독일 녹색당의 비례대표였던 안나 뤼어만은 당시 만 19세로 최연소 국회의원이었습니다. 이 의원은 무엇보다 청소년의 이익과요구를 위한 입법 활동에 힘썼습니다.

우리나라와 달리 세계의 여러 나라에서 청소년이 정치에 참여하고 있습니다. 미래의 주역인 청소년들이 일찌감치 정치를 체험

함으로써, 민주주의에 대한 신뢰를 높이고 정치를 올바르게 이해하는 계기를 마련하고 있습니다. 청소년 시기의 정치참여는 개인과 나라의 발전을 위해 꼭 필요한 일입니다.

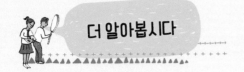 

정치하니까 좋아요!

우리나라에는 주민총회라는 것이 있습니다. 각 지역의 주민들이 모여 동네에 필요한 사업을 논의해서 투표로 결정하는 것입니다. 직접 민주주의의 한 형태입니다.

한 예로 2019년 7월에 서울시 마포구 성산2동에서 주민총회가 있었습니다. 2020년 사업과 관련해 서울시 예산 9000만 원이 구청에 배정됐습니다. 이 액수는 구청장과 구의원이 결정한 게 아니라 성산2동 주민들이 직접 결정한 것입니다. 주민들은 다양한 의견을 내고 토론과 투표 절차를 거쳐 직접 예산을 책정했습니다.

거리의 벽에 예쁜 그림을 그리는 데 500만 원, 보도블록을 바꾸는 데 500만 원 등 14개 사업에 필요한 9000만 원이 산정됐고 주민총회를 통해서 최종 결정됐습니다. 이를 '주민참여예산제'라고 합니다. 주민참여예산제는 한층 발전된 정치 행위라고 할 수 있습니다. 정부나 지방자치단체의 점유물처럼 여겨졌던 '예산'과 관련한 일에 이제는 주민도 권리를 행사할 수 있으니까요.

〈2020년 동 단위 시민참여 예산 사업〉

우선순위	사업명	예산 (만원)	결과
1	어르신 활동 및 세대 통합 프로그램 운영	500	통과
2	홀몸어르신 및 저소득층 안전 지킴이	500	통과
3	마을 학교 / 지역 연계 진로 체험 프로그램 진행	500	통과
4	마을 쉼터 / 공유 가능한 유휴 공간 발굴 및 운영	500	통과
소계		2000	

(출처: 서울시 마포구 성산2동 주민자치회)

〈2020년 주민 활동 지원 사업〉

우선순위	사업명	예산 (만원)	결과
1	FM 방송(성산2야 놀자)	480	통과
2	ART WALL(아트월)	520	통과
3	은행나무 열매 수거막 설치	500	통과
4	'걸어서 동네 한 바퀴' 우리 동네 핫 플레이스를 찾아라	300	통과
5	성산2동 문화의 날(문화로 안전한 마을 만들기)	500	통과
6	가로수 하부 보호망 안전 및 미관 개선의 건	700	통과
7	주민의 재능으로 꾸미는 마을 문화예술축제 한마당	500	통과
8	초등학교 대상 환경 백일장 개최	500	통과
9	주민이 주인 되는 성산2동 마을 축제	1500	통과
10	성산2동 주민 자치 역량 강화	500	통과
소계		6000	통과

(출처: 서울시 마포구 성산2동 주민자치회)

2

알아 두면
쓸데 많은 정치

정치를 외면한 가장 큰 대가는
저질스러운 사람들에게
지배를 당하는 것이다.
−플라톤

나를 지켜 주는 정치

정치의 변신은 무죄

정치는 항상 같은 모습, 같은 형태로 존재해 왔을까요? 그렇지 않습니다. 갈등 조정이나 의사 결정, 이해관계의 조정 등은 정치의 본질로서 어느 사회에나 있었지만 그것이 어떻게 표출되고 어떻게 결정되느냐에 따라 정치는 다른 모습, 다른 형태로 존재해 왔습니다.

정치는 시대상을 반영합니다. 고대에는 왕을 중심으로 한 지배계급의 이익을 위해 노예제도를 이루고 유지하는 것이 정치였습니다. 노예는 항상 대가 없는 노동을 해야 했고 백성은 왕과 지배 계급에게 충성을 다해야 했습니다. 특히 왕은 신이나 다름없는 존재여서 입법, 행정, 사법을 쥐락펴락할 수 있었습니다. 백성들은 정치의 주체가 되지 못했고 왕과 지배계급의 도구일 뿐이었습니다. 그 시대의 정치 모습과 요즘의 정치 모습은 비교가 불가능할 만큼 다를 것입니다.

정치는 누가 의사 결정을 했는지, 얼마나 많은 사람이 의사 결정에 참여했는지에 따라 그 모습이 천차만별로 달라집니다. 이에 따라 정치 발전 정도나 정치 민주화의 정도를 가늠할 수 있습니다.

정치라는 말은 아주 오래전부터 존재했기 때문에 자칫 오해를 부를 수 있는 뜻도 담겨 있습니다. 서양에서는 정치라는 말이 등장할 때부터 '여럿이 모여 직접 결정한다'는 뜻을 담고 있지만 동양에서는 다스린다는 개념이 강합니다. 현대 민주주의 사회에서 다스리다라는 의미는 시대착오적이라 할 만합니다. 사전에도 다스리다는 "국가나 사회, 단체, 집안의 일을 보살펴 관리하고 통제하다"로 풀이하고 있습니다. 왕정에나 통할 법한 뜻이니 천부인권(天賦人權)*에도 맞지 않는 말입니다.

> 태어나면서부터 하늘에서 부여받은 권리. 인간이 만든 법이 아니라 주어지는 권리라는 의미에서 '자연권'이라고도 한다. 인간이 인간에게 부여한 권리가 아니기 때문에 어떤 제도나 권력으로도 이를 침해할 수 없다는 것이 중요하다.

정치는 왜 필요할까요? 정치의 발전은 사회체제의 발전과 비례합니다. 왕정제에서는 왕이 모든 것을 결정했고 봉건제에서는 영주와 토호만이 결정권을 가졌습니다.

근대 시민국가로 넘어오면서 시민이 정치의 주체로 성장하고 비로소 결정권을 획득했습니다. 이후 민주주의 제도가 정착되면서 모든 시민이 투표로 자신을 대표하는 사람을 뽑는 간접민주제, 대의민주제까지 발전했습니다. 그렇다면 왜 정치가 필요한 것일까요?

인간은 공동체를 이루어 서로 도움을 주고받으며 살아갑니다. 공동체가 굳건히 유지되려면 질서와 규칙이 있어야 합니다. 그렇지 않다면 공동체는 혼란에 휩싸일 것이고, 각각의 삶은 파괴될 것입니다.

세상에는 230여 개의 국가*가 있고, 각국은 국가라는 공동체를 유지하고 제대로 꾸려 나가기 위해 법을 만들었습니다.

법은 질서와 규칙을 확실히 하고 숱한 시비와 갈등을 해결합니다. 법에 따라 국가를 경영하는 것이 법치주의입니다.

> 지구상에 있는 국가의 수는 기준에 따라 다르다. 2018년 기준, UN 기준에 따른 주권국가 195개, 최소한 일부 국가로부터 국가로 인정받는 나라 201개, 국제표준화기구(ISO) 기준으로 249개국에 이른다.

법은 정치가 만듭니다. 정치는 국가라는 틀 안에서 구성원끼리 지켜야 하는 규칙인 '법'을 만들기 위해 수많은 사람의 의사와 의견을 모으고 공통분모를 형성해 냅니다. 정치의 필요성, 정치의 중요성을 아무리 강조해도 지나침이 없는 것은 이 때문입니다.

국가의 규칙과 지방자치단체의 규칙은 다를 수밖에 없습니다. 그렇기에 국가의 규칙을 법이라 하고 지방자치단체의 규칙을 조례라 합니다. 법과 조례, 더 나아가 각종 규칙과 규범의 최상위에는 헌법이 있습니다.

국가의 중요한 사항을 주권자인 국민의 의사를 묻고 결정하기 위한 투표. 대의 민주주의의 단점을 보완하기 위한 직접 민주주의 제도의 한 형태이며, 국민이 직접 찬성과 반대를 밝힌다.

헌법은 한 국가의 방향과 가치를 결정하는 만큼 국회의원끼리 함부로 정하거나 고칠 수 없습니다. 헌법의 제정이든 개정(개헌)이든 국민 전체의 의사를 물어야 합니다. 바로 이때 국민투표[*]를 실시합니다.

법도 고이면 썩으니

법과 규칙, 질서와 규범은 영원불변할까요? 그렇지 않습니다. 이역시 시대에 따라 변천 과정을 겪었습니다. 옛날 삼국시대의 국가 성립을 설명할 때 반드시 나오는 것이 율령(律令)[*] 반포입니다.

율령이란 지금으로 치면 헌법(憲法)이라고 볼 수 있습니다. 고구려는 소수림왕 3년(373년)에 율령을 반포했습니다. 율령을 반포함으로써 비로소 국가가 된 것입니다. 율령이 없다면 국가를 구성하는 국민에게 '우리 국가는 이렇다'라는 정체성과 '국민은 이런 질서와 방향을 가지고 움직여야 된다'라는 기준이 없는 것입니다. 기준이 없다면 국가는 존재할 수 없습니다.

•고대국가의 법률. 율은 형벌을, 령은 법규를 뜻한다. 삼국시대 중앙집권체제가 정비될 무렵에 율령을 만들어 왕권을 강화하고자 했다. 백제 고이왕(3세기), 고구려 소수림왕(4세기), 신라 법흥왕(6세기)이 이에 속한다.

••5·16군사정변 이후 공산주의 활동을 막기 위해 1961년 제정된 법으로 1980년 국가보안법(반국가 활동을 규제하는 법)으로 흡수됐다.

대한민국은 해방 이후 오랫동안 독재 정치를 경험했습니다. 요즘에는 남북이나 북미 관계가 다소나마 회복되어 대화가 오고가지만 냉전 시절만 해도 북한은 무찔러야 할 대상이었습니다. 북한에 대해 나쁘지 않게만 말해도 반공법••으로 잡혀가 징역을 살기도 했습니다.

이런 반공법을 누가 만들었을까요? 국회의원들이었습니다. 아무리 국민이 뽑았다 해도 독재국가의 국회의원은 무기력하기만 해서 너무도 비이성적이고 폭력적인 법이 쉽게 통과될 수 있었던 것입니다.

정치도 법도 고정불변하거나 영원불변한 것이 아닙니다. 시대에 따라 필요에 따라 바뀔 수 있습니다. 새로운 시대에 맞게 바꾼 법을 개정법이라고 합니다. 법을 만드는 것도 정치이고 법을 바꾸거나 없애는 것도 정치입니다. 한마디로 정치는 일상이고 일상이 정치인 것입니다. 그러므로 우리는 어떻게든 정치에 참여하려고 노력해야 합니다. 무엇보다 대표적인 정치 행위이자 권리 중의 권리인 투표에 꼭 참여해야 할 것입니다.

우리는 동맹

정당은 정치적 목적과 뜻이 맞는 사람끼리 모인 정치단체입니다. 국회에서 활동하는 국회의원은 대부분 정당에 소속되어 있습니다. 정당의 가장 큰 목적은 정치권력, 즉 정권을 획득하는 것입니다. 각 정당은 정체성에 맞는 이름을 짓고 정책을 내놓고 실체적인 행동을 하면서 유권자의 심판을 기다립니다. 모든 정당은 대통령을 배출하려고 최선의 노력을 기울입니다. 여러 정당 중에서 대통령을 당선시킨 정당을 여당(與黨)* 그 외의 당들은 야당(野黨)**이라고 합니다. 야당은 정부와 여당의 정책을 감시하고 비판하면서 다음 선거에 대비합니다.

* 정부와 함께 활동하는 정당으로 정부의 정책을 지지한다. 우리나라처럼 대통령 중심제의 경우 대통령을 배출한 정당이 여당이 된다. 의원내각제에서는 많은 의석을 차지한 정당을 말한다.

** 정권을 잡지 않은 정당을 말한다. 정부의 정책을 비판하고 견제하면서 국민의 지지를 얻어 다음 정권을 잡기 위해 노력한다. 의원내각제에서는 적은 의석을 차지한 정당.

좋은 정치, 나쁜 정치

다다익선

좋은 정치는 무엇이고 나쁜 정치는 무엇일까요? 좋은 정치는 많은 사람이 의사 결정에 참여하여 다수가 만족할 수 있는 결정을 내립니다. 나쁜 정치는 특정한 소수 또는 한 사람이 의사 결정 과정을 독차지하고 소수의 이익만을 추구합니다.

우리나라는 19세 이상 유권자들이 투표를 해서 대통령을 뽑습니다. 가장 많은 표를 얻은 사람이 대통령이 됩니다. 이는 많은 사람이 의사 결정에 참여한 결과입니다. 많은 사람이 참여해 결정했으니 요구 사항도 많을 것입니다. 대통령으로 뽑힌 사람은 그 요구를 들어주려고 노력해야 합니다. 이것이 좋은 정치입니다.

나쁜 정치는 극소수가 대통령을 뽑습니다. 다수의 선거권을 박탈하거나 제한합니다. 5·16군사정변[*]이 있었던 1961년부터 6·10민주항쟁[**]이 일어난 1987년 이전까지 극히 소수를 제외하고 대한민국 국민들은 대통령을 뽑을 수가 없었습니다. 아예 의사 결정 과정 자체가 없이 한 나라의 대표를 뽑는 경우도 있습니다.

북한처럼 권력을 세습하는 경우입니다. 김일성이 김정일에게, 김정일이 김정은에게 모든 권력을 넘겨주었습니다. 조선왕조와 다를 게 없습니다. 그래서 북한을 세습 국가를 넘어 왕조 국가라 부르는 사람들도 있습니다.

독재보다 더한 게 왕조 국가라 할 수 있습니다. 조선왕조는 양반과 상민을 구분한 계급 사회로 민주주의와는 거리가 멀었습니다. 좋은 정치란 모든 국민의 의사가 평등하게 표출되는 것입니다. 민주주의를 쟁취하려는 투쟁의 역사가 좋은 정치로 이어졌고, 그 결과물이 선거제도라고 할 수 있습니다.

[*]1960년 4·19혁명으로 이승만의 자유당 정권이 무너지고 당시 외무부 장관이었던 허정이 이끄는 과도정부가 들어섰다. 그러나 1961년 5월 16일 박정희의 주도로 육군사관학교 8기생 출신 군인들이 무력으로 정권을 빼앗으면서 군사 통치가 시작되었다.

[**]1987년 6월 전국에서 일어난 민주화운동. 그해 1월 박종철 군 고문치사 사건이 은폐된 것이 밝혀지자 이에 시위가 확산되었고, 6월 9일 연세대생이었던 이한열 군이 시위 도중 경찰이 쏜 최루탄에 맞아 사망하면서 민주화 투쟁은 더욱 확대되었다. 6·10민주항쟁으로 대통령 직선제를 골자로 한 현행 헌법이 만들어졌다.

너무도 소중한 선거

우리나라에서는 일정한 나이가 되면 누구나 보통·평등·직접·비밀 선거에 의해 대통령은 물론 국회의원, 지방단체장, 지방의원 등을 뽑을 수 있습니다. 지금은 선거를 너무도 당연한 것으로 여기지만 이 같은 제도가 정착된 것은 그리 오래된 일이 아닙니다. 투표권은 수천 년에 걸쳐 수많은 사람들이 피 흘려 싸운 결과입니다.

> 200년 전에 노예해방을 외치면 미친 사람 취급을 받았습니다. 100년 전에 여성에게 투표권을 달라고 하면 감옥에 집어넣었습니다. 50년 전에 식민지에서 독립운동을 하면 테러리스트로 수배당했습니다. 단기적으로 보면 불가능해 보여도 장기적으로 보면 사회는 계속 발전합니다. 그러니 지금 당장 이루어지지 않을 것처럼 보여도 대안이 무엇인지 찾고 이야기해야 합니다.
> ─『그들이 말하지 않는 23가지』(장하준 지음, 부키) 중에서

지금 우리가 누리는 정치적 권리, 즉 누구나 평등하게 1인 1표를 행사해서 자신의 생각을 대변할 대표자를 뽑는 것은 어느 날 갑자기 주어진 권리가 아닙니다. 전에는 없었던 권리가 1인에서

소수로, 나아가 다수로, 그리고 국민 전체로 확장되어 온 것입니다. 이것이 좋은 정치로 발전하는 과정이었고, 민주주의가 제도로 정착하는 과정이었습니다. 그 과정은 지난한 투쟁의 역사이기도 했습니다.

'민주주의는 피를 먹고 자라는 나무'라는 말도 있듯이 우리는 소중한 우리의 권리를 함부로 포기하지 말아야 합니다.

〈선거의 4대 기본 원칙〉

원칙	뜻
보통선거	사회적 신분·교육·재산·인종·신앙·성별 등에 따른 제한 없이 일정한 연령에 달한 모든 국민에게 원칙적으로 선거권을 인정하는 것으로 제한선거와 대립된다.
평등선거	모든 유권자에게 동등하게 1인 1표의 투표권을 인정하는 것으로 불평등선거와 대립된다.
직접선거	선거인이 중간 선거인을 거치지 않고 직접 피선거인을 뽑는 것으로 간접선거와 대립된다.
비밀선거	선거인이 어느 후보자를 선출하는지 알 수 없게 하는 것으로 공개선거와 대립된다.

시민의 이름으로 OUT!

4년마다 한 번씩 치러지는 국회의원 총선거에서는 여당, 야당 가릴 것 없이 유권자의 마음을 얻기 위해 이른바 '물갈이'를 시도합니다. 제15대부터 제20대 국회까지 매번 국회의원 40퍼센트 이상이 바뀌었습니다. 60퍼센트가 넘게 바뀐 적도 있습니다.

각 정당은 유권자에게 잘 보이려고 선거에 처음 나서는 사람을 상대적으로 많이 공천*합니다. 대개는 초선의원의 비율이 의원이 바뀐 비율과 비슷합니다.

그런가 하면 정치권의 결단이나 각 정당의 공천심사** 과정의 결과가 아니라, 시민들이 '일하지 않는 국회의원을 교체하자'는 운동으로 물갈이에 나서기도 했습니다. 2000년 16대 국회의원 선거 당시 특정 후보를 떨어뜨리기 위한 일종의 '낙천·낙선 운동'이 전국적으로 일어나 정치적 거목이라 불리는 사람들도 큰 폭으로 교체됐습니다.

대한민국 선거 역사상 시민이 직접 참여해서 국회의원 후보의 공천과 당락에 직접적인 영향력을 행사한 첫 사례였습니다. 당시 시민단체는 낙천·낙선 운동의 기준으로 지역감정을 이용한 정치인, 품위 없는 정치인, 일하지 않는 국회의원 등을 꼽으면서 대상자를 실명으로 발표했습니다. 3년 11개월 동안 국민에게 군림하다가 선거운동을 하는 한 달만 유권자를 찾아가던 국회의원들은 그제야 유권자의 힘이 얼마나 무서운지 실감했습니다.

* 정당에서 대통령 선거나 국회의원 선거에 출마할 후보자를 추천하는 것.

** 정당에서 선거에 출마할 후보자를 추천하기 위해 심사하는 일.

미국, 캐나다, 독일, 영국 등에서는 시민 단체가 특정 정치인에 대해 낙선 또는 지지 운동을 벌이는 것을 흔하게 볼 수 있습니다. 미국은 각종 시민 단체가 선거를 앞두고 의원들의 의회 속기록과 각종 법안의 투표 기록을 분석해서 의정 활동을 점수로 만들어 유권자에게 제공합니다.

워싱턴만 해도 200여 개의 유권자 단체가 활동하고 있습니다. 이 단체들은 선거기간에 텔레비전 광고와 전화 홍보 등을 통해 특정 후보에 대한 낙선운동을 집중적으로 펼칩니다. 독일과 영국의 경우는 환경·소비자·인권 단체들이 해당 분야의 정책과 관련해 부적격 인물을 특정해 낙선운동을 펼칩니다.

정치를 바꾸는 팬덤

노사모(노무현을 사랑하는 사람들의 모임)는 대한민국 정치 역사상 최초의 정치인 팬클럽으로 국내 정치의 물줄기를 바꾸는 데 큰 역할을 했습니다. 2000년 당시 노무현 후보는 국회의원 당선이 보장된 것이나 다름없었던 서울시 종로구를 떠나 지역감정을 타파하고자 부산에서 도전했습니다. 그 시절에 경상도에서는 여당인 신한국당이 아니면 결코 당선될 수 없었고, 전라도에서는 그 반대의 현상이 일어났을 정도로 지역감정이 무척 팽배했습니다.

사실상 무모한 도전을 한 노무현 후보는 결국 낙선했습니다.
이런 상황을 지켜본 한 시민이 정치인 노무현과 함께하는 모임을
제안했고 이것이 인터넷을 통해 널리 알려지면서 팬클럽이자 후
원회가 탄생하게 됐습니다.

전국적인 네트워크로 조직된 '노사모'는 정치인 노무현을 대통
령 노무현으로 만드는 데 적지 않은 역할을 했습니다. 당내 대통
령 후보 경선 때도, 이후 대통령 선거 때도 노사모는 열정적이고
헌신적으로 활동하며 상대 선거캠프를 압도했습니다. 자발적으
로 시간을 내고 돈을 들여서 선거운동에 참여해 유권자에게 신선

정치인 노무현의 팬클럽 노사모가 '희망돼지 저금통'으로 돈 안 드는 선거문화의 첫발을 내딛었다.

한 감동을 안겼습니다.

대통령감이 되지 못한다는 조롱과 멸시를 받던 정치인 노무현은 결국 대통령으로 당선됐습니다. 평범한 시민들이 이루어 낸 기적과 같은 일이었습니다. 노무현 대통령이 취임했을 때 영국의 정론지인 가디언은 '세계 최초의 인터넷 대통령 로그온하다(World's first internet president logs on)'라는 멋진 기사로 축하를 대신하기도 했습니다.

노사모의 활동과 노무현 대통령 당선은 이후 정치개혁운동으로 이어졌습니다. 시민들의 자발적 선거비용 모금 활동이었던 '희망돼지 저금통'은 돈 안 드는 선거운동 바람을 일으켰고, 시민들의 참여는 공천권을 유권자에게 돌려주는 '지역 주민 경선 제도' 도입의 물꼬를 틔웠습니다. 17대 총선에서 당시 열린우리당은 선거 사상 최초로 지역 주민 경선으로 후보를 결정했고, 그해 총선 결과 국회의원 교체 비율이 역대 최고인 63퍼센트나 됐습니다. 집권 여당의 당선자 152명 가운데 초선이 108명이나 되는, 믿기지 않는 일이 벌어졌던 것입니다. 시민의 정치참여가 어떻게 영향력을 행사할 수 있는지 유감없이 보여 준 선거였습니다.

보수 할래, 진보 할래

보수 · 진보 탄생기

보수는 무엇이고 진보는 무엇일까요? 보수는 현 시대의 핵심적 가치를 지켜 나가자는 것이며, 진보는 기존 가치에 대해 회의하고 비판하면서 새로운 가치를 창출해 나가자는 것입니다. 그렇기에 보수는 급격한 변화보다 점진적인 변화를 추구하고 권위와 전통, 안정과 질서 등을 중시합니다. 반면 진보는 급진적인 변화를 마다하지 않고 혁신과 대안, 인권과 평등 등에 눈높이를 맞춥니다. 보수와 진보라는 말은 언제부터 사용했을까요?

1789년에 프랑스혁명*이 일어났습니다. 왕이 모든 것을 결정하고 정치권력을 독점하는 구조를 바꾸기 위해 일어났습니다. 혁명으로 왕이 물러나면서 프랑스에는 시민계급이 등장하게 됐습니다.

당시 프랑스 주변의 영국, 러시아, 독일 같은 나라들은 왕조 국가였습니다. 이들 나라는 자국으로 혁명이 전파되는 것을 우려했습니다. 그 시기에 영국의 정치가이자 철학가인 에드먼드 버크는 시민계급의 출현이 사회적으로 혼란을 부른다면서 강력히 반대하고 왕조의 핵심 가치를 지키자고 누구보다 앞장서 주장했습니다. 이것이 보수의 시작이라 할 수 있습니다.

이와 반대로 왕조를 깨고 시민사회로 나아가야 한다는 세력도 생겼습니다. 이들은 모든 사회 구성원이 의사 결정에 참여할 수 있는 민주주의를 주장했습니다. 이것이 진보의 시작이라 할 수 있습니다. 이후 보수주의와 진보주의가 본격적으로 등장했습니다. 나폴레옹이 나타나면서 시민사회가 무너지고 다시 왕조로 돌아가자 시민들은 왕조를 지키자는 '왕당파'와 시민사회로 가야 한다는 '공화파'로 나눠졌습니다.

이때 공교롭게도 왕당파는 의회에서 의장석의 오른쪽에 자리

잡았고 공화파는 왼쪽에 앉으면서 자연스레 우파와 좌파라는 말이 생겼습니다. 1792년의 국민공회에서도 왼쪽에는 급진적인 자코뱅파가, 오른쪽에는 보수적인 지롱드파가 앉자 아예 이를 계기로 보수적이거나 온건한 세력은 우익으로, 급진적이거나 과격한 세력은 좌익으로 부르는 것이 관행이 됐습니다.

보수와 진보는 오른발과 왼발

어쩌다 앉은 자리의 위치 때문에 좌파와 우파라는 말이 생겨난 것은 참으로 아이러니합니다. 그렇지만 이 말은 여전히 유효해서 '우파는 보수, 좌파는 진보'라는 관습적 표현은 거의 명제나 다름없게 됐습니다.

이 인식을 고쳐 나가기에는 너무나 멀리 와 있는 것만 같습니다. 다만 보수와 진보도 시대에 따라 변화한다는 것은 분명히 알아야 합니다. 100년 전에 진보였던 생각과 행동이 지금은 보수인 경우가 허다합니다.

현재 지방선거는 헌법으로 보장하고 있습니다. 이를 통해 지방단체장인 시장, 도지사, 구청장 등을 선출합니다. 예상 밖으로 유신헌법*에도 지방선거가 보장돼 있었습니다. 단,

> 1972년 박정희 대통령이 국민의 기본권을 제한하고 대통령의 권한을 강화해 독재정권 체제를 유지하기 위해 국민투표로 통과시킨 법.

'통일 이후 실시'라는 단서가 붙었습니다. 아무리 헌법이 보장해도 남북이 분단돼 있는 한, 지방선거는 그림의 떡일 뿐이었던 것입니다. 그 시절에는 옳고 그름을 떠나 그것이 보수였습니다. 지방자치를 해야 한다고 주장하면 진보라는 말을 들었습니다.

1990년 김대중 전 대통령(당시 야당인 평화민주당 총재)이 지방자치 실시를 내걸고 13일 동안 단식투쟁에 들어갔습니다. 결국 대통령이 이 의견을 받아들여서 지방자치가 부활했습니다. 진보적 가치가 실현된 것입니다.

최근에 주민참여예산제가 실시되자 많은 전문가나 정치인이 이를 반대하고 현상 유지를 주장했는데 이제는 이것을 보수적이라 할 수 있습니다. 진보는 끊임없이 나아가려는 관성 때문에 한때의 진보적 사안이나 이슈가 시간이 흐르면 대개 보수적으로 변하기 마련입니다.

민주주의가 발달했다는 미국도 그리 오래되지 않은 시절에 노예는 둘째 치고 여성에게도 투표권을 주지 않았습니다. 당시에는 여성의 투표권을 주장하면 진보였고 여성은 투표할 권리가 없다고 주장하면 보수였습니다.

차이와 차별은 완전히 다른 말입니다. 인간의 성별이나 인종, 나이는 자신이 선택할 수도 결정할 수도 없습니다. 신체는 나의 의지와 무관하게 주어진 것이기에 본질적으로 바꿀 수가 없습니다. 그래서 사람들은 각각 여러 면에서 '차이'를 보이게 됩니다. 차이를 놓고 잘못됐다거나 틀렸다고 하면서 불이익을 주고 괴롭히는 것이 '차별'입니다.

　보수와 진보를 가르는 것은 생각과 이념의 '차이'일 뿐입니다. 좋거나 나쁜 것이 아니며 맞거나 틀린 것도 아닙니다. 보수와 진보는 시대에 따라 언제나 움직여 왔습니다. 그때마다 논쟁을 하고 이념을 키웠고 행동으로 보여 주었습니다. 오른발 왼발처럼 앞서거니 뒤서거니 하고 상호 침투도 하면서 발전했습니다. 한마디로 보수와 진보는 움직이는 '동사'입니다.

무슬림 이민자들이 다른 미국인과의 동등한 권리를 주장하며, 차이가 차별이 되는 것에 항의하고 있다.

반공 보수

조선 말기 동학농민운동*은 프랑스혁명과 닮았습니다. 나라의 주인은 왕이 아닌 백성이라면서 민심이 천심이라 했으니까요. 당시에는 반역, 즉 역모나 다름없었던 주장이자 구호였습니다. 어쩌면 이때 한국의 민주주의가 태동했다고도 할 수 있겠습니다. 당시 보수는 무조건 조선왕조를 지키는 것이었습니다.

*전라도 군수의 횡포와 착취에 항거했지만 중국과 일본의 개입으로 실패했다. 후에 항일 의병 투쟁과 3·1운동으로 계승됐다. 갑오농민전쟁, 동학운동, 동학혁명이라고도 한다.

**1885년 중국 톈진에서 일본과 청나라가 맺은 조약. 이토 히로부미와 이홍장이 조선에 군대를 파견할 때 서로에게 미리 알릴 것을 합의한 것으로, 갑신정변 이후 일본이 조선에 대한 영향력을 확보하게 됐다.

고종은 청나라에 원병을 요청했고 이에 따라 톈진조약(天津條約)**을 들먹이며 일본군도 조선으로 들어오게 됐습니다. 결국 일본군이 근대식 무기로 조선의 동학농민군을 학살하며 당시의 진보적 운동을 궤멸시켰습니다.

일제강점기에는 보수도 진보도 독립운동을 했습니다. 나라를 빼앗겼으니 되찾아야 하는 게 당연했기 때문입니다. 당시 보수는 민족주의, 전통주의, 애국주의를 망라하고 있었습니다. 그래서 백범 김구를 진보주의자라고 하지 않고 보수주의자라 하는 것입니다. 당시 진보의 일부는 독립운동을 넘어 아주 세상을 바꾸자며 사회주의로 나아갔습니다.

4·19혁명* 당시 보수는 이승만 정부가 집권을 위해 부정선거를 일으킨 것에 항의하며 '대통령 하야'를 외치는 시위대에 반대했습니다. 대통령이 물러나면 나라가 혼란스러워져서 북한이 쳐들어온다고 생각했기 때문입니다. 한국의 보수는 역사적으로 반공과 불가분 관계라 할 수 있습니다.

1960년 4월 학생을 중심으로 일어난 반정부 민주주의 혁명. 이승만 정권의 부정선거에 항의하며 민주적 절차에 의한 정권교체를 요구했다. 4·19혁명은 부패한 독재정권을 학생과 시민의 힘으로 무너뜨린 민주혁명으로, 한국 민주주의의 진전에 새로운 전기를 마련한 사건이었다.

정치인이 싸우는 이유

젠틀하게 스마트하게

정치인은 싸우는 사람입니다. 동시에 해결하는 사람이기도 합니다. 정치인은 대결과 갈등의 한복판에서 싸우기도 하고 말리기도 하면서 조율하거나 중재합니다. 이를 통해 화해를 이끌어 내기도 하고 얽히고설킨 것을 풀어내기도 합니다.

의약분업의 핵심은 '진료는 의사에게 약은 약사에게'입니다. 이를 규정한 약사법 제정 당시 의사와 약사는 서로의 이해관계 때문에 충돌했습니다. 그렇지만 싸움은 국회가 대신했습니다. 의사 또는 약사 입장을 옹호하는 국회의원이 모여 법안을 만들면서 다툼을 벌였습니다. 그동안 의사와 약사는 자기 할 일을 하면 됐습니다.

국회는 싸우는 곳이고 국회의원은 '말'로 싸웁니다. 이것을 팔러먼트(Parliament) 정신이라고 합니다. 영국은 의회를 팔러먼트로 부릅니다. Parliament는 라틴어 parlia(말하다)와 ment(장소)가 결합된 것으로 '말하는 곳'을 뜻합니다.

영국의 국회의사당은 의장을 중심으로 양당이 마주 보는 형태입니다. 의원들은 계단식 벤치에 앉아 '말'을 합니다. 맨 앞줄을 기준으로 양당은 3.9미터 떨어져 있는데 이는 칼을 휘둘러도 닿지 않는 거리이기 때문입니다.

예전에 영국은 무기를 들고 결투를 벌여 시비를 가렸습니다. 이때 양쪽 칼의 길이를 합치면 3.9미터였다고 합니다. 중세 이후 영국 의회는 칼을 들지 않고 말로 싸우고 있습니다. 물론 막말과 욕설은 단호히 제한되고 품격 있고 절제된 말을 사용해야 합니다.

대한민국 국회의원도 품격 있는 말을 하려고 노력합니다. 다만 국회의원도 사람인지라 종종 감정이 상해서 언성을 높이거나 거친 말을 내뱉고는 합니다. 그럴 때마다 '막말 국회'라는 비난이 쏟아집니다. 국회의원은 자신에게 더 엄격해야 할 것입니다.

언론은 정치인이나 국회의원이 막말을 하거나 몸싸움을 하는 모습을 많이 보여 줍니다. 그래서 정치인이나 국회의원의 이미지는 그리 좋지 않습니다. 사람들에게 '제발 싸우지 말라'는 말도 자주 듣습니다. 각 분야에서 똑똑하고 일 잘한다는 사람이 300명이나 모인 곳이 국회입니다. 어쩌다 막말하고 몸싸움하는 게 두드러지게 보일 뿐 날마다 그러지는 않습니다.

대부분의 국회의원이 많은 일을 하고 크고 작은 성과를 냅니다. 그럼에도 언론은 싸우는 모습을 더 부각시키기도 합니다. 그런 모습이 사람들의 눈길을 더 끌기 때문입니다. 일종의 선정주의라 할 수 있습니다. 문제는 그와 같은 선정주의가 정치에 대한 불신, 무관심 등을 조장할 수도 있다는 것입니다.

언론이 국회의원을 감시하고 비판하는 것은 당연한 일이지만 나쁜 점 위주로 보여 주는 것은 바람직하지 않습니다. 미국의 경우 대표적인 언론인 워싱턴 포스트와 뉴욕 타임스는 대통령 선거나 국회의원 선거가 다가오면 사설을 통해 공개적으로 지지하는 후보나 정당을 밝힙니다. 왜 지지하는지 밝히려면 그 후보의 정책과 이념 등을 꼼꼼히 살펴야 하고 그것을 독자들에게 알기 쉽게 설명해야 합니다.

그래서 언론 간에도 정책과 이념 대결을 벌이게 됩니다. 그것은 정치에 대한 관심을 높이고 정치를 발전시키는 동력이 될 것입니다. 그러므로 정치와 언론은 공생관계라 할 수 있습니다.

선출직 정치인, 정무직 정치인

정치인이 되는 가장 빠른 길은 정당에 가입해서 당원이 되는 것입니다. 지방의원도 국회의원도 다 정치인입니다. 마을을 위한 일꾼이 되고자 하든, 나라를 위한 일꾼이 되고자 하든 정당의 문을 두드리는 것이 일반적입니다.

정당은 자질이 뛰어난 당원을 골라 선거에 내보내거나 정무직 공무원으로 들여보냅니다. 그들이 잘하면 당의 이미지도 함께 개선되기 때문에 정당은 항상 인재를 영입하려고 동분서주합니다.

선거를 통해 선출직 공무원이 되는 정치인이 있는가 하면 정무직 공무원이 되는 경우도 있습니다. 정당 후보로 선거에 나가서 당선된 광역단체장이나 기초단체장은 선출직 정치인이자 공무원인데 보통 보좌관 등 함께 일할 사람을 데리고 들어갑니다. 이들은 시험 등을 통해 공무원으로 일하게 된 행정직 공무원과 달리 특별 채용 되는 경우로 정무직 공무원입니다. 따로 근무 기간이 정해져 있지 않은 임시 공무원입니다. 공무원이지만 정치인인 것입니다.

이 같은 정무직 공무원은 전체 공무원에서 극히 소수입니다. 대통령은 선출직 공무원이고 대통령 직무를 보좌하는 청와대 비서실장은 정무직 공무원입니다.

남성 정치인이 더 많은 까닭은

여성은 아주 오랫동안 선거권이 없었습니다. 남성이 여성을 차별해서 참정권을 원천적으로 박탈했기 때문입니다. 가장 먼저 여성의 참정권을 인정한 나라는 뉴질랜드로 1893년이었습니다. 미국은 1920년이 돼서야 여성이 투표를 할 수 있었고, 대한민국은 1948년에 여성의 참정권이 허용됐습니다.

여성 참정권은 어느 날 갑자기 생긴 게 아닙니다. 수많은 여성이 참정권을 위해 목숨을 걸고 싸웠고 숱한 여성들의 희생이 있고 나서야 얻게 된 것입니다. 한마디로 쟁취한 것입니다.

세상의 절반이 여성이지만 여성의 사회적 진출도 근현대에 들어서야 늘어났고 참정권도 늦게야 생긴 탓에 여성 정치인은 남성 정치인에 비해 턱없이 적을 수밖에 없습니다. 우리나라에서는 여성이 정치에 참여하는 것을 제도로써 보장하려고 노력하고 있습니다.

첫 번째로 실행된 것이 비례대표제입니다. 비례대표 국회의원은 지역구 국회의원과는 다릅니다. 주로 각 분야의 전문가를 공천하는 비례대표는 말 그대로 각 정당의 득표율에 '비례'하여 당선자를 결정하는 방식입니다. 2019년 현재 의석 300석 가운데 47석이 비례대표입니다. 남녀 동수로 하되, 여성 후보는 남성 후보에 앞서 1, 3, 5, 7, 9 순으로 홀수 번호를 배정받습니다. 비례대표 국회의원의 절반은 무조건 여성이 되도록 보장한 것입니다. 지방의원의 경우 어떤 지역구든 여성 의원 한 명이 반드시 지역구 후보로 공천됩니다. 여성 후보를 공천하지 않으면 남성은 후보로 등록을 할 수가 없습니다. 의무 조항이라 반드시 지켜야 합니다.

　2016년 20대 총선 결과 당선된 여성 국회의원은 51명입니다. 전체 300명을 기준으로 볼 때 17퍼센트 수준이지만 역대 최고입니다. 국제연합(UN)이 권고하는 여성 의원의 적정 비율은 30퍼센트이고 현재 국제의원연맹 회원국의 평균은 22.7퍼센트에 달합니다. 유럽의 경우 여성 의원이 늘면서 남녀 비율이 비슷해지고 있습니다. 우리나라도 여성 의원이 꾸준히 늘고는 있지만 아직 갈 길이 먼 게 사실입니다.

3

민주주의를
사랑하자

민주주의가 성립하기 위해서 우리는
단순 관찰자가 아닌 참여자가 되어야 한다.
투표하지 않는 자, 불평할 권리도 없다.

−루이스 라모르

드디어 민주주의

한국 민주주의 사생결단기

민주주의란 무엇일까요? 서양에서는 데모크라시(democracy)라고 말합니다. 민중을 뜻하는 그리스어 데모스(demos)와 다스린다는 뜻의 크라티아(kratia)를 합친 데모크라티아(demokratia)에서 유래했습니다. 즉, 민주주의는 다수가 다스린다는 뜻으로 한자로 풀이하면 '백성이 주인(民主主義)'이라는 뜻입니다.

한마디로 민주주의는 소수가 독점하던 권력을 다수가 나눠 갖는 것입니다. 소수의 지배에서 다수의 지배로 이동하는 것이 민주주의입니다. 현대에 와서는 주권이 국민에게 있고 국민에 의한 정치가 이뤄지며, 정치권력이 국민의 동의와 지지를 기반으로 형성 및 행사되는 정치형태를 말합니다.

많은 학자가 '공장 안 민주주의, 공장 밖 민주주의'라는 표현을 씁니다. 공장 밖 민주주의를 정치적 민주주의라고 말하고 공장 안 민주주의를 경제적 민주주의라고 말합니다.

공장 밖 민주주의, 즉 정치적 민주주의는 유럽에서는 프랑스혁명과 영국의 차티스트운동●을 통해 자신의 대표를 뽑는 선거로 정착되었습니다. 1인이 모든 것을 행사하고 정치권력을 독점하던 시대에서 시민의 투쟁으로 조금씩 민주주의를 쟁취하다가 폭발한 것이 1879년 프랑스혁명입니다. 당시의 민주주의를 근대 민

1830년대에서 1840년대에 걸쳐 일어난 영국 노동자의 참정권 확대 운동. 재산이 많은 계급만 투표권이 있는 것에 불만을 품고, 보통선거권을 포함한 요구 사항을 문서로 작성하여 의회에 보냈다. 지금은 보통선거가 당연한 권리지만 당시에는 사회를 흔들 만큼 진보적인 주장이었다.

주주의라고 말하며 유럽은 프랑스혁명을 전후한 시기부터 민주주의가 싹트기 시작했고 현재 선진 민주주의의 발판이 됐습니다.

이처럼 인류의 역사는 한 사람이 모든 권력을 잡고 행사하던 것을 다수가 의사 결정에 참여하는 것으로 바꾸기 위한 투쟁의 역사라고 볼 수 있습니다. 정치적 민주주의는 선거라는 제도를 통해 다수의 의견을 반영할 수 있게 됐습니다. 우리가 지금 대통령이나 국회의원 또는 지방단체장을 뽑는 보통·평등·직접·비밀

선거는 민주주의를 실현하는 가장 중요한 방법이자 제도가 됐습니다.

대한민국은 1894년 동학농민운동으로 민주주의 사상이 태동했지만 일제강점기를 거치며 암흑기에 빠졌다가 해방 직후인 1948년 8월 15일 최초로 보통·평등·직접·비밀 선거를 실시하며 민주주의 역사에 획을 그었습니다. 비록 미군정 아래에서 남한만의 단독 선거였더라도 그때 '대한민국의 형식적 민주주의가 출발했다'라고 할 수 있는 것입니다.

진짜 민주주의를 하는 나라

민주주의는 형식적 민주주의, 절차적 민주주의, 참여 민주주의, 사회 민주주의로 발전해 나갑니다. 형식적 민주주의는 민주주의의 기본 중의 기본인 보통·평등·직접·비밀 선거를 말합니다. 절차적 민주주의는 법과 원칙에 따라 정치가 이루어지고 사회 시스템이 작동하는 것을 뜻합니다.

대한민국에서 절차적 민주주의는 1987년 6·10민주항쟁으로 시작됐습니다. 이전까지는 형식적 민주주의가 존재했지만 부정 선거 등 법과 원칙에서 벗어나는 경우가 많았습니다. 6월 항쟁 결과 금권·관건 선거가 사라지고 형식적 민주주의와 절차적 민주주의가 자리를 잡아 가면서 참여 민주주의가 싹 트게 되었습니다.

참여 민주주의는 선거는 물론이고 각종 정치적 의사 결정에 많은 시민이 참여하는 것을 말합니다. 민주주의가 한층 더 성숙해지는 것으로 모든 사람의 정치적·사회적·경제적 평등이 확보되는 동시에 정치참여가 일상적인 삶의 영역으로 확산되는 실질적 민주주의를 이루어 가는 과정이라고 볼 수 있습니다.

참여 민주주의는 제16대 대통령 선거에서 당선되어 2003년 2월 취임한 노무현 대통령이 이끈 참여정부°를 거치면서 꽃을 피웠습니다. 하지만 다시 정권이 교체되면서 퇴행하다가 문재인 정부가 들어서면서 다시 만개했고 이

국민의 자발적인 모금과 선거운동이 대통령 선거를 승리로 이끄는 데 중요한 역할을 했을 뿐 아니라, 국정 운영에서도 국민의 참여가 핵심 역할을 할 것이라는 뜻에서 '참여정부'라고 불렀다.

제는 더 나아가서 '사회 민주주의'로 발돋움하고 있습니다. 사회 민주주의는 사회주의, 공산주의와 다르고 사민주의(社民主義)와도 다른 형태의 민주주의로 정치뿐만 아니라 경제, 사회, 문화 각 분야에 걸쳐 사회 전반적으로 민주화 바람이 부는 것을 뜻합니다.

여전히 사회 전 분야에 잘못된 관행과 악습, 반인권적인 행태, 차별과 억압 등이 남아 있습니다. 이를 외과수술처럼 외부의 힘을 빌려 도려내는 것이 아니라 각 구성원들이 민주주의적 절차와 의사 결정에 따라 해결하는 것이 사회 민주주의입니다. 각 구성원이 조직의 일개 부품이 아니라 조직의 주인으로서 말하고 행동

하는 것입니다. 사회가 구석구석 민주화된다는 점에서 사회 민주주의는 민주주의의 꽃이라고 할 수 있습니다.

　민주주의라는 말은 공기처럼 편히 사용하는 단어지만 그것을 지켜 내고 실천하는 일은 결코 쉽지 않습니다. 항상 '나'는 민주주의적 인간으로 살고 있는지 돌아보고 성찰해야 할 것입니다.

우리나라 민주주의는 몇 등급?

나라마다 다른 수준

지구상에는 약 70억 명의 인구가 살고 있습니다. 이들이 다 똑같은 수준의 민주주의를 누리고 있을까요? 모두 보통·평등·직접·비밀 선거로 '나'를 대변하는 대표자를 뽑고 있을까요? 그렇지 않습니다.

같은 시대를 살고 있지만 어느 나라는 매우 앞선 민주주의를 누리고 있고 어떤 나라는 민주주의라고 말하기에는 민망했던 1970~1980년대 대한민국의 수준에 머물러 있기도 합니다. 지금도 원시공산제처럼 하나의 부족국가로 살아가는 나라가 있고 마을의 추장이 모든 권한을 행사하는 곳도 있습니다. 같은 시대를 살고 있다고 해서 같은 수준의 민주주의를 누리고 있을 거라는 생각은 버려야 합니다.

주권재민(主權在民)

한 나라의 민주주의 수준은 어떻게 알 수 있을까요?

대한민국 헌법 제1조 1항은 '대한민국은 민주공화국이다', 2항은 '대한민국의 주권은 국민에게 있고, 모든 권력은 국민으로부터 나온다'입니다. 이 주권재민 정신은 바이마르헌법에서 시작됐습니다. 바이마르헌법은 제1차 세계대전 이후 황제가 이끄는 독일 제국이 붕괴하고 나서 수립된 바이마르공화국의 국민의회에서 공포했습니다.

1933년 나치 정권이 들어서며 폐지됐지만 '권력은 국민으로부터 나온다'는 점을 인정하고, 보통선거와 노동권을 보장하는 등 국민의 기본적 권리를 규정한 역사상 가장 민주적인 헌법입니다. 그래서 오늘날까지도 여러 민주주의 국가에서 헌법의 기초로 삼고 있습니다.

헌법에 주권재민의 정신을 표현하지 않은 국가도 있을 것이고,

설혹 표현했다 하더라도 실제로는 구현되고 있지 않은 국가도 있을 겁니다. 주권재민의 실행 여부가 그 나라의 민주주의 수준을 보여 줍니다.

민주주의 평가 기준

한 나라의 민주주의가 어느 정도 수준인지를 보여 주는 기준이 몇 가지 있습니다.

첫째, 모든 국민이 평등하게 1인 1표를 행사하는가? 어떤 사람은 부자라서 100표를, 어떤 사람은 권력이 있어서 50표를 가지는데 어떤 사람은 가난하고 권력이 없어서 1표를, 어떤 사람은 아예 투표권이 없다고 한다면 이것은 민주주의라 할 수 없을 것입니다. 즉, 선거권이 평등한지 여부를 따져 봐야 합니다.

둘째, 주로 독재국가에서 나타나는 현상인데 선거권은 있으나 정당에 대한 선택권이 없는 경우입니다. 이 또한 진정한 민주주의라고 말할 수 없습니다. 지역구마다 특정한 1개 정당에서 1인 후보만 나왔다면 선거권이 있으나 마나일 것입니다. 선택의 여지가 없기 때문입니다. 이런 경우 민주주의라 말하기 곤란합니다.

셋째, 언론·출판과 집회·결사의 자유가 있는지 없는지에 따라서 민주주의의 수준을 가늠할 수 있습니다. 대한민국은 헌법 제21

조에 언론·출판과 집회·결사의 자유를 보장하고 있고 실제로도 자유롭다고 할 수 있습니다. 이 점에서 민주주의 수준이 높다고 하겠습니다.

넷째, 정부는 국민을 위해서 봉사해야 합니다. 시장은 시민, 구청장은 구민의 이익을 위해 행정을 펼쳐야 합니다. 그렇지 않고 자신의 이익을 위해서 일하고 있다면, 임기 중이라도 국민 또는 시민의 힘으로 바꿀 수 있어야 합니다. 이것이 민주주의입니다. 이를 위해 항상 자유롭게 감시하고 비판할 수 있어야 합니다. 대한민국 국민은 촛불을 들고 대통령을 탄핵한 경험이 있습니다. 그 과정에서 폭력이나 소요가 전혀 없었습니다. 평화적인 방법으로 대통령을 바꾸고 다시 뽑았습니다. 세계가 놀라고 부러워하는 민주주의의 힘을 보여 주었습니다.

짝퉁 말고 정품

진짜와 가짜

헌법 제1조 2항 '대한민국의 주권은 국민에게 있고 모든 권력은 국민으로부터 나온다'가 실현되면 진짜 민주주의입니다. 한동안 대한민국의 주권은 국민에게 있지 않고 정권에 있었습니다. 이 때문에 4·19혁명, 5·18민주화운동, 6·10민주항쟁이 일어났고 수많은 사람의 희생이 이어졌습니다.

이제는 평화로운 촛불 시위로 대통령을 탄핵해서 물러나게 할 정도로 대한민국의 권력은 국민에게 있습니다. 대한민국은 진짜 민주주의를 실현하고 있는 것입니다. 그래도 긴장의 끈을 놓을 수는 없습니다. 가짜는 언제든 우리의 빈틈을 노리고 있기 때문입니다.

아래의 표는 미국의 사회학자 로버트 모리슨 매키버가 제시한 '진짜 민주주의와 가짜 민주주의' 기준을 표로 나타낸 것으로 '아니오'가 하나라도 있다면 진짜 민주주의와는 거리가 멀다고 볼 수 있습니다.

〈진짜 민주주의와 가짜 민주주의를 알아보는 기준〉

	기준	예	아니오
1	사람들이 정부의 정책을 비판하거나 반대해도 그 전과 조금도 다름없이 신체적·정신적 안전을 보장받는가?		
2	정부의 정책에 반대되는 정책을 주장하는 조직을 자유롭게 구성할 수 있는가?		
3	집권당에 대해서 자유롭게 반대표를 행사할 수 있는가?		
4	선거에서 개표를 한 결과 집권당에 반대하는 표가 더 많을 경우, 투표를 통해 집권당을 물러나게 할 수 있는가?		
5	선거가 일정 기간 또는 조건에 따라 실시되는가?		

'나 하나쯤 투표하지 않는다고 세상이 어떻게 되겠어?'

누구나 이런 생각을 한 번쯤 해 봤을 겁니다. 그런데 단 1표 차이로 세계의 역사가 달라진 경우가 여러 차례 있다는 사실을 아시나요?

1923년 선거에서 아돌프 히틀러는 단 1표 차로 나치의 당 서기장이 됐습니다. 세를 점점 키우던 나치당은 1932년 독일 제1당이 되고, 나치당을 등에 업은 히틀러는 1934년 총통에 올라 제2차 세계대전을 일으킵니다. 만약에 1명이 히틀러가 아닌 다른 사람에게 표를 던졌다면 역사는 어떻게 됐을까요? 역사에 가정은 없다지만 제2차 세계대전과 유대인 대학살을 생각하면 가슴이 아플 뿐입니다.

단 1표 차이로 나치의 당 서기장이 된 히틀러는 제2차 세계대전을 일으킨다.

미국의 제3대 대통령인 토머스 제퍼슨도 대통령 선거에서 단 1표 차로 승리했습니다.

우리나라에 사사오입 개헌°이라는 것이 있었습니다. 1954년 이승만 정권 때 대통령의 장기 집권이 가능하도록 헌법을 개정하려고 했으나 투표 결과 개헌 정족수에 1표가 부족해 부결이 선포됐습니다. 개헌 정족수가 국회의원 203명의 3분의 2인 136명이어야 하나 135명만 찬성했던 것입니다.
그러자 당시 집권당인 자유당은 "203명의 3분의 2는 135.333……이지만 반올림으로 0.33명을 버려"서 억지로 개헌 통과선을 135명으로 낮추는 해괴한 논리로 개헌안을 통과시켰습니다. 만약 그때 1표 차 패배를 인정했다면 이승만 대통령은 3선을 하지 못했을 것이고, 3·15부정선거도 4·19혁명도 일어나지 않았을 것입니다. 물론 허망한 가정일 뿐입니다.

> 1954년 이승만 정권 시절, 헌법상 대통령이 3선을 할 수 없다는 제한을 없애기 위해 당시 집권당이었던 자유당이 '반올림 논리'를 적용시켜 정족수가 미달한 헌법 개정안을 불법으로 통과시켜 제2차 헌법개정을 진행했다.

1649년 영국의 찰스 1세는 의회에서 1표 차이로 참수형이 결정되어 단두대에 올라야 했습니다.

제2차 세계대전의 확전 계기가 되었던 진주만 폭격도 1표의 비밀이 숨어 있습니다. 1941년 미국 의회는 징집 제도를 1표 차이로 가결했고, 이후 미국과 일본은 파국의 수렁으로 빠져들었습니다.

필리핀에서는 웃지 못할 일도 벌어졌습니다. 2019년에 치러진 팔라완주(州) 아라셀리시 시장 선거에서 현직 시장과 경쟁 후보의 득표수가 같게 나오는 바람에 선거법에 따라 세 차례 동전 던지기를 해서 현 시장이 승리했습니다.

참고로 우리나라는 득표수가 같을 경우 연장자에게 우선권이 있습니다. 이렇듯 투표에서 1표는 단지 1표가 아닙니다. 우리의 앞날과 운명을 결정할 수도 있는, 더할 수 없이 소중한 1표인 것입니다.

내가 주인이니까

주인 노릇을 잘해야 진짜 주인

누군가를 국회나 지방자치단체로 보낸다고 할 때 가장 중요한 것은 투표를 잘하는 것입니다. 주권재민 정신에 따라 유권자는 어떻게 주인 역할을 하면 좋을까요?

첫째, 투표할 때 각 후보들을 면밀히 살펴보는 것입니다. 어떤 생각, 어떤 정책, 어떤 계획을 세우고 있는지, 좋은 사람인지 나쁜 사람인지, 깨끗한 사람인지 아닌지, 일을 잘하는 사람인지 못하는 사람인지 등 알아볼 게 참 많습니다.

둘째, 선거로 당선된 사람이 일을 잘하는지 중간 점검도 꼼꼼히 해야 합니다. 정치에 무관심하면 알 수가 없습니다. 우리가 정치에 관심을 가지고 지켜봐야 국회의원이든 지방의원이든 대통령이든 지방단체장이든 허투루 일하지 않을 것입니다.

셋째, 잘 뽑고 잘 감시하는 것도 중요하지만 그때그때 자신의 의사를 전달할 필요도 있습니다. 잘못하는 것이 있으면 지적을 하고 아쉬운 것이 있으면 조언도 할 줄 알아야 합니다. 혼자 하는 게 어렵다면 시민 단체를 통하면 됩니다. '문자 폭탄'이란 말처럼 부정적인 시선도 있지만 문자메시지도 효율적인 의사전달 방식으로 적절히 활용할 가치가 있습니다.

넷째, 지방자치단체장과 지방의회의원들이 잘못하거나 문제를 일으키면 주민소환제를 통해 그 자리에서 물러나게 할 수 있습니다. 지역 유권자 중 20퍼센트가 동의하면 주민소환 투표가 이루어지고, 유권자 3분의 1이 투표하고 과반수 이상이 찬성하면 물러나야 합니다. 국회의원의 경우 국민소환제⁕라는 것이 있지만 우리나라에서는 시행되지 않고 있습니다.

이외에도 주인 노릇을 잘하려면 주민총회 등을 통해 직접 행정에 참여할 수도 있고, 어떤 법이나 조례가 만들어지고 있는지 관심을

선거로 뽑힌 사람이 문제가 있다고 판단될 때 임기가 끝나기 전에 국민투표를 통해 파면시키는 제도. 국민소환제가 실시되면 유권자의 기대를 저버리는 행위를 일삼는 국회의원 등을 제재할 수 있게 된다.

갖고 살피고 따지는 것도 아주 중
요한 일이라 할 수 있습니다.

마지막 다섯째, 국가는 국민이
낸 세금으로 운영됩니다. 그 세금
이 제대로 쓰이는지 살펴보는 것
역시 중요한 일입니다. 어느 가정
도 돈을 함부로 쓰지 않습니다. 하
물며 세금은 더더욱 가치 있고 필
요한 곳에 쓰여야 합니다.

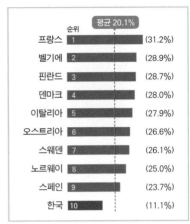

〈2018년 GDP 대비 사회복지 지출 규모〉

(출처: OECD, 기획재정부)

세금은 사회문제를 이해하는 출발점이기도 합니다. 세금의 관
점으로 좋은 정부와 나쁜 정부를 구별할 수 있습니다. 좋은 정부
는 돈을 많이 버는 사람에게 세금을 많이 걷고 돈을 적게 버는 사
람에게 복지예산을 많이 씁니다. 나쁜 정부는 돈을 많이 버는 사
람들의 세금을 줄여 주고 부유층과 대기업에게 더 많은 혜택을
주는 대신 복지예산을 깎아 버립니다.

내 의견을
대신하는 사람들

대의 민주주의 또는 간접 민주주의

의사 결정과 집행에 국민이 직접 참여하는 민주주의로 대표자를 통하지 않고 구성원 전체가 직접 참여한다. 국가 단위로는 적용하기 어려우나 스위스 등에서 지역 단위로 적용하는 경우가 있다. 직접 민주주의 요소를 띤 제도로 국민투표제, 국민소환제, 국민발안제 등이 있다.

국가 단위에서는 전 국민이, 시 단위에서는 전 시민이, 구 단위에서는 전 구민이 직접 참여해서 의사 결정 하는 것을 직접 민주주의●라고 합니다. 고대 그리스에서 모든 시민이 아테네 아고라 광장에 모여 의사 결정을 하던 방식입니다. 현대사회에서는 사실상 불가능합니다. 대한민국 국민 5000만 명이 한 장소에 모일 수는 없습니다. 구 단위라 해도 수만 명이 넘습니다. 그래서 현대 민주주의는 대의제를 활용합니다.

국민이 개별 정책에 대해 직접적으로 투표권을 행사하지 않고 대표자를 선출해 정부나 의회를 구성하여 정책이나 문제를 처리하도록 하는 것이 대의 민주주의 또는 간접 민주주의라고 합니다. 국가 단위에서는 국회의원이, 지방자치 단위에서는 지방의원이 국민이나 지역민을 대신합니다.

나를 대신하는 사람, 국회의원

우리나라는 국민을 대표하는 300명의 대의원인 국회의원이 있으며 입법부를 형성하고 있습니다. 의회는 몇 단계의 과정을 거쳐 의사를 결정합니다. 하나의 의사가 있으면 이것을 안건이라고 하고, 안건을 상정하고 토론합니다.

의사 결정은 투표로 진행하고 투표는 다수결로 결정합니다. 만장일치 투표 방식도 있지만 한 사람이라도 반대하면 의사 결정이 되지 않기 때문에 효율적이지 않습니다.

다수결로 결정되면 정부는 법을 받아 공포하고 실행하게 됩니다. 이때 중요한 건 아무리 생각이 다르고 마음에 들지 않아도 결정에 승복하는 것입니다. 이것이 민주주의의 참 모습입니다.

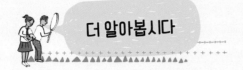
다수결은 합리적일까?

반에서 학급 회의를 하다가 결론이 나지 않으면 어떻게 하나요? 어느 쪽을 더 선호하는 사람이 많은지 '다수결'로 결정하는 경우가 많을 것입니다.

다수결은 의견을 하나로 모으기 위해 더 많은 사람이 선호하는 쪽으로 결정하는 것을 말합니다. 학교에서 회장을 뽑거나, 국가에서 대통령, 국회의원을 뽑는 것도 다수결을 활용한 일입니다. 더 많은 사람이 선호하는 쪽으로 의사 결정을 하는 것입니다.

다수결은 빠른 시간에 의견을 모을 수 있어서 효율적입니다. 방법이 비교적 간편하기도 합니다. 무엇보다 민주적인 방식으로 보입니다. 앞에서 살펴봤듯이 민주주의는 의사 결정 과정에서 전체 구성원의 의사가 충분히 반영되는 것을 지향하기 때문입니다.

이 밖에도 다수결은 장점이 많습니다. 다수의 의견을 따르는 것이 잘못될 위험이 적고 합리적일 수 있습니다. 요즘은 개개인이 방대한 정보를 손쉽게 접할 수 있고 교육 수준도 과거에 비해 월등히 높기 때문에 다수의 선택이 올바른 선택일 수 있습니다.

그렇다면 다수가 원하는 것이 반드시 옳기만 할까요? 다수결에도 분명한계가 있습니다. 이해관계가 첨예하게 부딪치는 문제를 다수결로 정하면 소수는 피해자가 되기 쉽습니다. 다수의 횡포로 소수가 피해를 겪는 것입니다. 소수에 대한 배려가 없다면 이 또한 진정한 민주주의라고 말할 수 없습니다.

한편 다수결로 결정할 수 없는 문제도 많습니다. 예를 들면 동성애를 두고 다수결로 옳고 그름을 결정할 수 없는 것처럼 말입니다. 다수가 결정한 일이 반드시 좋은 결과를 가져오는 것도 아닙니다. 만일 다수가 왜곡된 여론, 가짜 뉴스에 호도되었다면 그 선택은 옳다고 할 수 없습니다.

다수결은 의사 결정을 하는 다양한 방법 중에 하나일 뿐 만병통치약은 아닙니다. 설사 다수결로 결정을 하더라도 사전에 충분히 대화를 나눠서 사회적 합의를 이룰 필요가 있습니다. 대화와 토론, 타협이 먼저입니다. 이를 '숙의 민주주의'라고 합니다. 깊이 생각하고 충분히 논의한 다음에 결정하는 것이 숙의입니다. 문제를 해결하고자 한다면 나와 의견이 다른 사람과 충분히 정보를 나누고 대화하는 것이 먼저입니다.

모든 것이 빠르게 돌아가는 현대사회에서는 다수결이 효율적으로 보입니다. 하지만 진정한 민주주의를 이루기 위해서는 다수결보다 대화가 먼저라는 것을 기억해야 합니다.

4

나도
국회의원이다

정치꾼은 다음 선거를 생각하고
훌륭한 정치가는 다음 세대를 생각한다.

-제임스 클라크

아주 큰 권력을 갖고

국가의 3요소

삼권분립이란 무엇일까요? 국가권력을 입법, 행정, 사법의 삼권으로 나누는 것입니다. 권력의 독점을 막고 상호 견제하여 원활하고 균형 잡힌 국가로 운영하기 위해서입니다.

그렇다면 국가는 무엇으로 구성될까요? 국가는 국민, 주권, 영토로 구성됩니다.

첫째, 국가에서 가장 중요한 것은 국민입니다. 국민이 없다면 국가가 존재할 수 없습니다. 국민은 권력의 주체이기도 하지만 막강한 권력을 가진 국가 앞에서는 나약한 존재이기도 합니다. 그래서 국가로부터 침해당해서는 안 되는 기본권을 갖고 있습니다. 태어나면서부터 갖는 천부인권(자연권)이라든지 참정권 같은 것을 말합니다. 권력의 집중과 남용을 막는 삼권분립으로 국민의 기본권을 지킬 수 있는 것입니다.

둘째, 주권이란 국민의 권리인 동시에 나라의 권리입니다. 일제강점기에는 국민과 영토는 있었지만 주권이 없어서 국가를 이루지 못했습니다. 국가 운영의 기본 원리인 삼권은 물론이고 외교권, 국군통수권 등의 주권을 일본이 다 가져가 버렸기 때문입니다. 나라를 빼앗겼다는 말은 바로 주권을 빼앗겼다는 뜻이기도 합니다.

셋째, 국가를 운영하고 국민이 삶을 영위하려면 영토가 있어야 합니다. 영토가 없다면 국가라 할 수 없습니다. 국민만 있고 주권과 영토가 없었던 경우가 이스라엘이었습니다. 이스라엘은 땅이 없어서 2000년 동안 세계 곳곳을 떠돌아다니다가 제2차 세계대전 후에 지금의 영토를 확보해서 비로소 국가가 되었습니다.

이러한 국가의 3요소를 민주적으로 운영하고자 삼권분립이 존재하는 것입니다.

삼권분립의 기본은 민주주의 정신입니다. 세 권력은 너무나 막강해서 한 곳으로 권력이 집중되면 민주주의에 역행하는 독재국가가 될 가능성이 높아집니다. 권력을 분산하여 견제와 감시 기능을 높이는 것이 민주국가를 운영하기 위한 기본 철학입니다.

권력을 독점하면 왜 민주주의가 아닐까요? 미국 대통령이었던 에이브러햄 링컨은 '인간의 본성을 보려면 권력을 줘 봐라'는 말

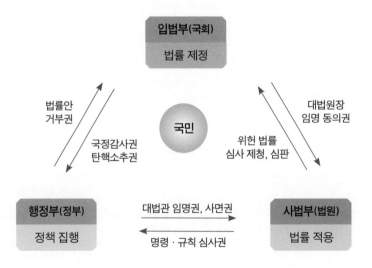

〈입법부, 행정부, 사법부의 주요 역할〉

(출처: 두피디아, EnCyber.com)

을 했습니다. 인간은 착하게 태어났다 하더라도 권력 앞에서 얼마든지 나쁜 마음을 가질 수 있습니다. 권력의 속성 때문입니다. 그렇기에 법과 제도로 권력의 독점과 남용을 막고 있습니다. 이것을 법치라고 합니다.

우리나라는 물론 미국, 영국, 프랑스, 독일 등 선진 민주국가들은 모두 법으로 삼권분립을 명시하고 있습니다. 우리나라에서 입법부는 국회, 행정부는 정부, 사법부는 법원입니다. 각 기관은 나머지 두 기관을 견제하고 감시할 수 있는 권한이 있습니다.

아주 중요한 일을 하는

법을 대신 만들다

법이 없어서 누구나 자기 멋대로 산다면 세상은 엉망이 될 것입니다. 이를 막기 위해 사람들이 살아가는 데 필요한 원칙을 정하는 것을 '입법'이라고 합니다. 법(法)은 한문으로 물(水)이 간다(去)는 뜻입니다. 물이 위에서 아래로 흐르는 것은 너무도 자연스러운 현상입니다. 법은 세상이 물 흐르듯이 자연스럽게 굴러가도록 하는 가이드라인입니다.

이를 못마땅하게 여겨 법을 거부하고 자기 생각대로만 행동한다면 세상에 피해를 주고 손해를 입히기 때문에 처벌받게 됩니다. 그 일례로 음주 운전을 단속하고 엄중하게 책임을 묻습니다. 법은 사회와 국민이 합의한 방향으로 가자고 약속한 것입니다. 따라서 잘못된 행동을 하지 않도록 예방하는 효과도 있습니다.

법은 누가 만들까요? 당연히 5000만 대한민국 국민이 모두 함께 만들어야 합니다. 하지만 그것은 물리적으로도 불가능하고 효율적이지도 않습니다. 법은 국민을 대표해서 입법부가 만듭니다.

너무도 막중한 임무

입법부의 세 가지 역할을 살펴보겠습니다.

첫째, 입법입니다. 법은 국가를 운영하는 세 기둥 중 가장 큰 기둥이라 할 수 있습니다. 국가가 국민과 약속한 것이기 때문입니다. 법치는 권력을 가진 대통령이 자기 마음대로 나라를 운영하지 말고 법에 적힌 대로 하라는 뜻입니다. 법은 입법부가 만들지만 이 또한 멋대로 만들면 안 됩니다.

법을 만드는 기관인 입법부는 국회이고 구성원은 300명입니다. 국회의원이 해야 할 가장 중요한 일이 법을 만드는 것입니다. 법은 새로 법을 만드는 제정법과 있던 법을 고치는 개정법, 있던 법을 없애는 폐기법이 있습니다. 30년 전에는 필요했지만 지금은 필요가 없어진 법을 없애는 일도 국회의원이 본회의장에 모여 의논하여 결정해야 합니다. 국회에서 폐기법이나 제정법보다 더 많이 만들고 있는 게 개정법입니다. 사회가 발전하면서 시대가 변하니 법을 고쳐야 하는 경우가 많아졌습니다.

2019년에 이른바 '윤창호법'이 통과됐습니다. 음주 운전 처벌 기준을 강화한 법입니다. 시대의 요청에 맞게 법을 고친 것입니다. 법을 만들 권한은 국회의원, 즉 입법부에 있습니다. 그러나 우리나라는 대통령중심제* 국가이다 보니 행정부가 국가의 중심이 됩니다. 행정부의 수반인 대통령의 권한이 막강합니다. 그렇기에 행정부도 법을 발의할 권한이 있습니다.

대통령을 중심으로 나라가 운영되는 정부의 형태로 현대 민주주의 정부 형태 중 하나. 임기 동안 대통령이 강력하게 집행권을 행사할 수 있어서 나라가 안정되기도 하지만 권한이 커지면 독재로 갈 위험도 있다.

국회의원이 법을 만들어 의결해서 통과하는 의원입법처럼 정부입법이란 게 있습니다. 정부입법도 의원입법과 똑같은 과정을 거칩니다.

대한민국에서 가장 중요하고 으뜸인 법은 헌법입니다. 모든 법은 헌법 정신에 맞게 만들어야 합니다. 헌법에는 국가의 운영, 원리, 원칙, 방향이 다 정해져 있기 때문에 헌법과 충돌하는 법은 효력을 상실하게 됩니다. 법이 헌법 정신에 맞는지 심판하는 곳이 헌법재판소입니다. 그리고 심판해 달라고 요청하는 것을 '위헌 제청'이라고 합니다. 세상에는 헌법재판소가 있는 나라도 있고 없는 나라도 있는데 우리나라는 1988년에 헌법재판소가 탄생했습니다.

둘째, 행정부 예산(나라 살림)을 감시하는 기능입니다. 우리나라 국가 예산은 2019년 현재 470조 원입니다. 국가 예산은 국민이 내는 세금으로 편성합니다. 예산편성 권리는 행정부에 있지만 예산을 심사하고 의결하는 권한은 국회에 있습니다. 행정부와 입법부가 예산과 관련된 권한을 나눠 가진 것입니다.

미국도 한국처럼 대통령중심제이지만 국회의 힘이 더 셉니다. 우리나라와 다르게 미국은 입법 발의권, 즉 법을 만드는 권한이 오로지 국회에만 있습니다. 미국 행정부는 법을 만들 수 없습니다. 미국은 예산을 편성하고 심의하는 권한도 국회가 갖고 있습니다. 행정부는 예산을 편성할 수 있는 권한이 없습니다.

감사원은 국가기관의 행태를 감독하고 감사하는 권한을 갖고 있습니다. 미국과 우리나라 모두 감사원이 있습니다. 우리나라의 감사원은 대통령 직속 기관입니다. 반면 미국은 감사원이 의회 직속 기관입니다. 한마디로 미국 의회는 입법권에 예산편성 및 심의 의결권 그리고 행정부를 감시하는 권한까지 갖고 있으니 그 힘이 어마어마하다 할 수 있습니다.

세상을 호령하는 것처럼 보이는 미국 대통령이라도 항상 의회의 눈치를 볼 수밖에 없는 처지인 것입니다. 그에 비해 우리나라는 입법부와 행정부가 골고루 권한을 나누는 체계를 갖추고 있습니다.

우리나라는 예산편성 권한이 오로지 행정부에 있기 때문에 국회의원이 관여할 수 없습니다. 국회의 예산결산특별위원회가 심사를 할 뿐입니다. 최종적으로 예산을 결정할 때는 국무총리부터 각 부처의 장차관이 참석한 자리에서 정부의 동의 아래 통과시킵니다. 예산결산특별위원회를 통과한 국가 예산은 법으로 정해진 그해 12월 2일까지 본회의장에서 통과되어야 합니다.

300명 국회의원이 모여서 국가 예산을 의결합니다. 그렇게 통과된 예산은 이듬해 1월 1일부터 행정부에서 집행하게 됩니다. 그러니까 국회에서 예산을 통과시키지 않으면 행정부는 예산이 없기 때문에 기능이 마비될 수밖에 없습니다. 이런 경우를 대비해서 행정부가 의회 승인을 받지 않고 긴급하게 편성하는 예산을 준예산이라고 합니다. 이는 국가 기능이 마비되지 않도록 반드시 필요한 곳에만 씁니다.

전력을 공급하는 정부기관을 지원하고 철도와 항공기 운행에 차질이 없도록 하며 병원의 중환자실이나 수술실을 지원하는 등 명백히 시급한 곳에 긴요히 사용됩니다. 예산에 준한다는 준예산은 대통령의 권한으로 편성합니다.

셋째, 국정감사입니다. 9월부터 12월까지가 정기국회인데 보통 그에 앞서 10월에 해당 상임위원회에서 관련 부처가 예산을 잘 썼는지, 법대로 행정을 잘했는지, 행정부가 일을 잘했는지 못했는지를 감사합니다. 국정감사 기간이 되면 국회의원 300명 대부분이 국민에게 자신이 일을 잘하고 있다는 걸 보이려고 합니다. 국회 보좌관 비서들이 관련 부처에 자료를 요청하고 검토해서 국정 운영을 잘했는지, 소속 공무원들이 일을 잘했는지를 조사합니다. 때로는 제보를 받기도 하고 때로는 현장에 출동해 조사하면서 국정감사를 합니다. 이 기간에는 모든 언론은 물론이고 국민의 눈과 귀도 국정감사에 쏠리게 됩니다.

〈국가 예산에 대한 OECD 주요국의 의회 권한〉

국가	정부 형태	예산에 대한 의회의 권한
대한민국	대통령제	예산편성 불가, 감액 및 의결만 가능
미국	대통령제	예산편성 및 수정 가능
영국	의원내각제	행정부 예산안 수정되는 경우 없음
프랑스	준대통령제	예산편성 불가, 수정도 제한적
독일	의원내각제	예산편성 불가, 수정도 제한적
일본	의원내각제	내각이 예산안 제출, 국회 수정 가능
캐나다	의원내각제	예산편성 불가, 수정도 제한적

(출처: 국회예산정책처)

이때 국정감사에서 지적된 것이 시정되기도 하고 적발된 공무원이 징계를 받기도 합니다. 행정안전위원회가 소방청을 감사하는 과정에서 소방관들의 옷이 너무 낡았고 장비가 노화됐으므로 바꾸자는 의견을 내자 담당 부서가 시정에 나섰습니다.

국방위원회는 미국에서 첨단무기를 너무 비싼 가격으로 사 오는 바람에 세금 낭비라고 알렸고 무기를 사고파는 과정에서 누군가 불법적으로 대가를 받은 것을 잡아내기도 했습니다. 방위산업 비리를 밝혀낸 것입니다. 그래서 국정감사 기간 동안 비리가 폭로되거나 심지어 구속되는 공무원도 더러 있습니다.

국회의원은 어떻게 뽑을까요? 국회의원은 지역구 국회의원과 전문성을 필요로 하는 비례대표 국회의원이 있습니다. 지역구는 253명이고 비례대표는 47명으로 총 300명으로 구성됩니다.

국회의원을 뽑는 국회의원 총선거를 줄여서 총선이라고 합니다. 이 총선은 4년에 한 번 실시하고 대한민국 국민 중 만 19세 이상이면 누구나 투표할 권한이 있습니다. 단 자신의 주소지에 속한 지역구 국회의원을 뽑아야 합니다. 서울시에는 49개의 지역구가 있고 전국에는 253개 지역구가 있습니다. 이 또한 법으로 정합니다. 보통 국회의원을 뽑는 지역구의 유권자 수는 헌법 정신에 맞게 정합니다. 최소 13만 명 이상 최대 27만 명 이하가 한 지역구가 됩니다. 즉, 13만 명이 안 되는 지역이라면 다른 지역과 합쳐집니다.

투표는 집과 가까운 정해진 투표소에서 오전 6시부터 오후 6시 사이에 하면 됩니다. 선거운동 기간은 2주 정도로 이 기간 동안 정당에 속한 후보와 정당에 속하지 않은 무소속 후보가 선거운동을 합니다.

선거는 대개 4월 둘째 주 수요일에 합니다. 보통·평등·직접·비밀 선거에 의해 국회의원이 선출됩니다. 누구든지 1표라도 많이 받은 후보가 뽑히게 됩니다. 1표만 많아도 당선되는 게 민주주의 선거법이 정한 규칙입니다. 지역구에 따라 어떤 국회의원은 6만 표를 얻어서 당선되고 어떤 국회의원은 3만 표를 얻어서 당선되기도 합니다. 그리하여 4년 동안 임기를 보장받고 국회의원으로서 의회정치 활동을 합니다.

🎤 사전투표하고 놀러 가자

사전투표는 정해진 선거일에 투표장에 가기 힘든 사람을 배려하기 위해 만들어진 제도입니다. 유권자가 부재자 신고를 하지 않아도 정해진 기간에 전국의 사전투표소 어디서든 투표할 수 있습니다. 선거일 5일 전부터 이틀 동안 별도의 신고 없이도 투표가 가능합니다. 만약 선거일이 4월 15일이라면 사전투표일은 4월 10일부터 11일까지입니다.

사전투표는 부재자투표의 불편한 점을 보완한 제도로 2012년에 공직선거법을 개정하고 2013년 1월 도입하여, 같은 해 4월 24일 재보궐선거에서 처음 실시했습니다.

전국적으로 실시된 건 2014년 6월 4일 지방선거였습니다. 사전투표제로 더 많은 유권자가 투표에 참여할 수 있게 됐습니다. 선거 당일 투표소 혼잡도 줄어들었습니다. 사전투표 시간도 오전 6시부터 오후 6시까지입니다.

이 제도를 도입하던 당시 투표 시간을 오후 6시보다 더 늦추고 투표 연령도 만 19세에서 만 18세로 낮춰 투표율을 높이자는 의견이 있었습니다. 그러나 정치권의 사정으로 투표 연령은 아직 만 19세이고, 사전투표도 오후 6시에 마감해서 투표율을 높이는 데 한계를 보이고 있습니다.

오스트레일리아에서는 투표를 하지 않으면 페널티로 벌금을 부과합니다. 우리나라에도 투표하지 않는 유권자에게 벌금을 부과하자는 의견이 있지만, 투표하지 않는 것도 유권자의 선택이니

벌금은 부당하다는 의견도 있습니다. 투표하는 사람에게 세금을 감면해 주는 등 동기부여를 하는 게 더 긍정적인 효과를 줄 수 있다는 의견도 있습니다.

장관보다 국회의원

국회의원은 일반 공무원 직급으로 치면 장관과 차관 사이입니다. 그런데 텔레비전에서 국정감사나 청문회를 보면 장관이 의원에게 혼나거나 쩔쩔매는 장면을 봅니다. 왜 그런 걸까요?

국회의원의 직급은 장관과 차관 사이 정도지만 장관의 업무를 감시하고 잘못을 적발하는 일을 합니다. 즉, 장관을 비롯해 행정부 공무원이 하는 일을 감시하고 예산을 결정합니다. 장관 1명을 감시하는 국회의원은 20명쯤 됩니다. 어떤 행정 부처에 비리가 있거나 잘못을 저지르거나 예산 낭비를 했다고 하면 장관이 질책받고 책임져야 합니다. 심한 경우 쫓겨나기도 합니다. 이런 것을 밝히는 사람이 국회의원입니다.

국민을 대신해서 장관을 질책하고 감시하기 때문에 국회의원의 힘이 장관보다 더 세다고 할 수 있습니다. 장관은 임명직이어서 국회의원에게 질책을 받거나 비리나 잘못이 드러나면 얼마든지 교체될 수 있습니다. 이 때문에 계속 장관직을 수행하고 싶다면 국회의원에게 잘 보여야 합니다. 물론 잘 보여야 한다는 것은 일을 잘해야 한다는 뜻입니다. 임명직이냐 선출직이냐에 따라 권한이 달라지고, 누가 누구를 감시하고 감시받느냐에 따라 위치가 달라집니다. 그렇기에 입법부가 행정부를 감시하는 일은 매우 중요합니다.

다만 국민이 봤을 때 국회의원이 장관에게 '갑질'하는 것처럼 보이기도 합니다. 국회의원은 예의와 품격을 갖추고 상대를 대할 줄 알아야 합니다. 말은 부드럽게 하되 송곳 같은 질문으로 행정부의 잘못을 지적하고 잘못된 게 있으면 고치도록 해야 합니다. 공무원이 일을 잘못하면 손해는 국민이 보게 됩니다.

행정부를 감시하고 책임을 물어 바르게 고치도록 요구하는 것은 국민의 이익과 편의, 재산 보호를 위한 일입니다. 그래서 이는 국회의원의 중요한 권한이자 업무입니다.

국회의원의 월급

국회의원에 당선되면 보좌진을 꾸릴 수 있습니다. 4급 보좌관 2명, 5급 비서관 2명, 6·7·8·9급 비서 각 1명씩, 여기에 인턴을 포함해서 총 10명을 둘 수 있습니다. 국회의원이 받는 월급을 세비라고 하는데 한 달에 1300만 원 정도입니다. 국회의원이 되면 단 하루만 일해도 연금이 나온다는 말이 있지만 이는 사실이 아닙니다. 국회의원 연금제도는 국회의원을 지낸 사람들의 모임인 '헌정회'에서 한 달에 120만 원씩 보조했던 것인데 19대 국회 때 없앴습니다.

돈 없는 사람도 국회의원이 될 수 있도록 선거공영제가 마련돼 있습니다. 국회의원은 정치후원금 제도를 통해 지지자들로부터 후원금을 받을 수 있습니다. 후원금은 1인당 500만 원이 상한선이고, 총 1억 5000만 원까지 받을 수 있습니다. 더 받으면 불법입니다. 단 전국 단위의 선거가 있을 때는 증가하는 선거비용을 감안하여 후원금의 총액이 3억 원까지 높아집니다. 국회의원 개인의 돈도 사용되는데 사무실 임대료, 집기류 등에 사용됩니다.

한 선거구의 경우 선거기간 동안 합법적으로 대략 1억 8000만 원까지 쓸 수 있습니다. 후원금으로 1억 5000만 원을 충당하고 3000만 원은 후보자 개인 돈을 쓰도록 되어 있습니다. 선거비용으로 쓴 금액은 선거관리위원회에 증빙 자료를 제출해 일부를 돌려받을 수 있습니다. 1억 8000만 원을 썼다면 선거관리위원회는 심사를 거쳐 1억 2000~3000만 원 정도를 반환해 줍니다.

모든 후보가 돌려받을 수 있는 것은 아닙니다. 15퍼센트 이상 득표한 후보가 그 정도의 금액을 돌려받을 수 있고, 득표율이 10~15퍼센트라면 비용의 절반을, 10퍼센트 이하면 돌려받는 돈이 없습니다. 후보의 난립을 막기 위한 정책이라지만 오히려 재산이 많은 후보에게 유리할 수 있다는 단점도 있습니다.

예전에는 선거기간 동안 실제로 금품을 돌리기도 했지만 지금은 선거 문화가 많이 달라졌습니다. 불법 선거를 신고하면 포상금을 받을 수도 있습니다. 불법 선거가 드러난 후보자는 선거법 위반에 따른 재판을 받아야 하고, 당선이 되어도 무효 처리가 될 뿐만 아니라 처벌도 받습니다. 우리나라 선거법은 구체적 사례를 들어 매우 세세하게 규정되어 있습니다.

이 때문에 미처 선거법을 잘 몰라서 본의 아니게 위반하는 경우도 있습니다. 이를테면 가족이어도 선거권이 없는 만 19세 미만은 선거운동을 할 수가 없습니다. 국회의원에 출마한 후보가 초등학생 자녀에게 선거운동복을 입혀서 데리고 다니면 위반이 됩니다.

후보는 지역구 유권자에게 축의금이나 조의금, 화환이나 조화를 보낼 수 없습니다. 단, 조기와 축기는 허용됩니다. 친구가 지역 유권자라면 경조사가 있어도 인사만 건네야 합니다. 아무리 가까운 사이여도 돈이 오가면 대가도 오갈 수 있다는 것을 이전의 숱한 사례가 증명하고 있습니다. 상대방을 비방하는 것과 허위사실 유포도 선거법상 크게 저촉이 됩니다.

너무나 무거운 대통령

막강한 대통령

앞서 말한 대로 대한민국은 입법부, 행정부, 사법부로 구성돼 있
는데 행정부의 수반은 대통령입니다. 대통령중심제 국가이기 때
문입니다. 행정부에는 여러 부처의 장관과 그 밑에 관련 업무를
하는 공무원이 있습니다. 그리고 청(廳)과 처(處)가 있습니다. 이
모든 행정 부처의 수장을 임명할 권한이 대통령에게 있습니다.
대통령은 국가를 대표할 뿐만 아니라 국가의 상징과도 같은 존재
여서 원수(元首)라고도 합니다.

외교부, 행정안전부, 기획재정부, 법무부 등을 부처라고 하는데 대통령은 한 개인이 아니라 하나의 행정부이며 가장 중요한 기관입니다.

미국은 대통령 중심 국가이고 일본은 의회 중심 국가입니다. 대통령중심제인 우리나라는 5년마다 대통령 선거를 합니다. 약 4500만 명 정도가 투표권을 갖고 있습니다. 이때도 각 정당에서 대통령 후보를 내는데 보통 당에서 공천합니다. 그리고 개표할 때 1표라도 많은 후보가 대통령에 당선됩니다. 당선이 되면 대통령직 인수위원회를 통해 전 대통령으로부터 업무를 인수받습니다.

예전에는 12월 19일에 대통령 선거를 치르고 이듬해 2월 25일에 취임식을 했습니다. 그렇지만 제18대 정권에서 특수한 상황(대통령 탄핵)이 생겨 2017년 제19대 대통령이 선출되고 인수위원회 없이 바로 임기가 시작됐습니다. 앞으로는 대통령 선거를 3월에 치르게 됐습니다.

대통령 임기가 시작되면 가장 먼저 부여받는 임무가 국군통수권입니다. 그리고 정무직 공무원을 임명하고 해임할 수 있는 행정부 수반이 됩니다. 정부 부처와 각종 기관의 장을 대통령이 임명합니다.

입법부는 국회의원이 300명이고 사법부는 판사가 2000명 정도 되지만 대통령에게 임명 권한이 없습니다. 다만 삼권분립이어도 대통령중심제인 만큼 대법원장은 대통령이 추천하고 국회의 동의를 받은 후 대통령이 임명합니다. 대통령의 힘이 더 세다는 반증입니다. 하지만 국회의장은 대통령이 임명하지 않고 국회의원들이 선거로 의장을 뽑습니다.

대통령은 대통령이 된 순간부터 막강한 권한이 생깁니다. 그리고 대통령의 고유 영역인 '통치 행위'가 주어집니다. 외국 국가원수와 회담하고 협정을 맺는 권한은 대통령에게 있습니다.

특히 우리나라처럼 남북이 분단된 상황에서 두 정상이 만날 수 있는 권한을 갖고 있는 사람도 대통령밖에 없습니다. 대통령은 국가의 가장 비중이 큰 정책과 방향을 결정하는 역할을 갖고 있습니다. 대통령중심제 국가는 대통령이 국가를 이끌어 나간다고 생각하면 됩니다.

한편 의원내각제는

이에 비해 의원내각제는 행정권한을 의원이 갖습니다. 의원내각제에서는 장관을 보통 내각이나 내각 관료라고 합니다. 그렇기에 일본의 경우 의원내각제라도 총선거를 합니다. 국회의원을 가장 많이 당선시킨 정당의 대표가 국무총리가 되는 것입니다. 일본에서는 이를 총리 또는 수상이라고 합니다. 의원내각제에서는 국회의원이 가장 많은 정당이 의회를 지배합니다. 그 정당의 의원들이 정부를 이끌어 나갑니다. 그래서 총리가 장관 임명권을 갖고 있습니다. 집권 내각이 일을 못하면 선거를 통해 다수당이 바뀌기도 합니다. 이때 정권이 교체됐다고 말합니다.

정권은 행정부의 정치 권한을 뜻합니다. 일본은 2019년 현재 자민당의 대표인 아베 신조가 수상이고 총리입니다. 일본은 입법부가 행정부를 다스립니다. 장점은 입법부와 행정부가 원활하게 협조할 수 있습니다. 그에 비해 대통령중심제는 대통령에게 막강한 권한이 있다고 해서 '제왕적 대통령제'라는 말도 있습니다. 제왕적 대통령의 폐해도 없지 않아서 우리나라도 의원내각제로 바꾸자는 주장도 있습니다.

대통령중임제로?

우리나라의 경우 남북이 대치하는 특수한 상황인 탓에 국정이 안정적으로 유지될 필요가 있어 대통령중심제를 택했습니다. 정권이 수시로 바뀌는 의원내각제보다는 다소의 폐해가 있어도 대통령중심제가 낫다고 판단한 것입니다. 그렇지만 그 막강한 권한 때문에 독재정권이 나왔고, 1987년 6월 항쟁 당시 국민이 직접 대통령을 뽑는 직선제로 헌법을 개정하자는 운동이 벌어진 것입니다. 너무나 당연한 국민의 권리이고 정당한 요구였습니다. 이후 2019년 현재 문재인 대통령까지 7명의 대통령이 국민의 직접 투표로 뽑혔습니다. 현재 헌법에 따라 대통령 임기는 5년이고 연임할 수 없습니다. 그러다 보니 임기 4년째부터는 대통령의 힘이 빠져 정부가 제대로 돌아가지 않는다는 비판이 나오기도 합니다. 이른바 레임덕(lame duck)● 현상입니다.

> 절름발이 오리란 뜻으로 임기 말의 지도자나 대통령의 지도력 공백 상태를 말함.

이는 국가적인 손실이라 미국처럼 4년 연임제로 헌법을 바꿔야 한다는 주장도 지속적으로 제기되고 있습니다. 만약 그렇게 헌법이 바뀌더라도 현직 대통령은 다시 대통령 후보로 나갈 수 없습니다. 헌법이 바뀌어도 다음 선거에는 나가지 못하도록 헌법에 규정되어 있습니다.

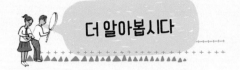

더 알아봅시다

좋은 국회의원이란?

여러분이 생각하는 좋은 국회의원과 나쁜 국회의원은 어떤 사람인가요? 텔레비전이나 신문만 보고 그 의원이 어떻게 일을 해 나가는지 알기는 어렵습니다. 제 경험에 비추어 한번 이야기해 보겠습니다.

국회의원은 상임위원회에서 활동하게 됩니다. 그곳에서 입법 활동을 합니다. 소속 상임위원회가 자신이 잘 모르는 분야라도 보좌진과 열심히 공부하고 자료를 조사해 전문가에 버금가는 실력을 갖춘 국회의원을 여럿 보았습니다. 이들은 충분히 좋은 국회의원입니다. 반면 국회의원을 단순한 직업으로만 인식하고 그저 눈에 띄지 않게 4년을 보내려는 사람도 있습니다. 의견도 내놓지 않고 이슈에 대해 관심조차 없습니다. 이들은 나쁜 국회의원입니다.

우리가 국회의원의 능력을 조금이나마 파악할 수 있는 경우는 텔레비전에서 하는 토론이나 청문회 정도입니다. 이때 최신 이슈에 대해 자기 의견을 분명히 말하고 묻고 답하는 데 막힘이 없으면 충분히 유능하다고 할 수 있습니다. 단순히 준비만 해서 되는 게 아니고 평소에 자신을 갈고닦기에 가능한 일이기 때문입니다. 딱히 대안도 없고 해결하려는 의지도 없이 무턱대고 질문만 하는 의원도 있습니다. 평소에 아무것도 하지 않는 국회의원이라 할 수 있습니다.

하지만 토론이 다는 아닙니다. 힘들고 어려워하는 국민이 있을 때 그 현장에 달려가 함께하는 의원도 있습니다. 세월호 참사 현장, 제주 강정마을 해군기지 등 국민이 아파하는 곳, 부당한 권력에 맞서 시위를 벌이는 곳에 찾아가는 의원들입니다. 국회의원이 현장에 함께 있는 것만으로도 국민이 더 큰 목소리를 낼 수 있습니다. 이와 반대로 주어진 사명감은 어느새 사라지고 현장은커녕 의정 활동도 제대로 하지 않고 국회 출석률마저 낮은 의원도 적지 않습니다. 그렇기 때문에 국민은 자신이 뽑은 의원이 어떻게 활동하고 있는지 감시해야 합니다.

국회의원은 나라에서 일어나고 있는 일에 항상 관심을 가져야 합니다. 특히 국민 대부분의 눈이 쏠려 있는 사안이라면 더더욱 그래야 합니다. 찬성과 반대가 강하게 맞붙는 사안이라면 자신의 견해를 분명히 밝히는 것이 국민에 대한 예의이며 도리라고 생각합니다. 반대 의견을 가진 사람에게 욕먹는 게 두려워서 의견을 내지 않고 당론만 따르거나 당의 그림자 속에 숨는 사람은 국민을 대표할 자격이 없습니다.

5

평화가
경제다

우리의 소원은 통일
꿈에도 소원은 통일
이 정성 다해서 통일
통일을 이루자
–〈우리의 소원〉 중에서

서바이벌 게임

우리가 꿈꾸는 세상은?

우리가 이 세상에 존재할 수 있었던 것은 부모님 덕분입니다. 1900년대를 살아갔던 할아버지와 할머니, 부모님이 있기 때문에 우리의 현재도 있는 것입니다. 그들은 20세기를 일제강점기로 시작해서 6·25한국전쟁을 겪고, 분단을 지켜보고 보릿고개를 넘으며 살아왔습니다. 민주화운동을 하던 자식을 감옥에 보내고 힘겨워하다가 이제야 어깨 좀 펴고 살 만해진 분들도 있을 겁니다. 그들은 어떤 세상을 꿈꿨을까요?

나라를 빼앗기지 않은 독립국가, 분단되지 않은 통일된 나라, 전쟁 없는 나라를 꿈꾸지 않았을까요? 보릿고개 같은 어려움이 없는 경제적으로 풍요로운 국가, 독재정권에 시달리지 않는 민주화된 국가를 꿈꾸지 않았을까요? 요즘 청소년은 자신과는 상관없는 이야기라고 느낄지 모르겠습니다. 격변기를 거친 대한민국의 역사를 과연 우리가 어느 정도 잘 알고 있는지 후세로서 한번 생각해 보면 좋겠습니다.

분단된 나라의 국민으로서 어떻게 하면 통일 국가를 이룰 것인가 하고 고민할 법도 하지만 많은 사람이 꼭 그렇지만은 않습

© Shutterstock.com

6·25한국전쟁이 한창인 겨울에 서울을 탈출하는 사람들. 전쟁은 개개인의 삶과 직결되어 있다.

니다. "분단과 내가 무슨 상관이야" "통일과 평화가 내 삶에 무슨 영향이 있어" "대통령이 누가 되든 알 바 아니지" "북한과 미국의 회담이 잘되든 말든 궁금하지 않아"라고 말하곤 합니다.

지금 남과 북은 휴전 중

지구상에서 유일하게 남은 분단국가인 우리나라는 때때로 전쟁 발발의 위기를 맞았습니다. 2015년 8월 비무장지대에서 사람의 무게가 가해지면 터지는 나무 상자 형태의 목함지뢰가 터져 우리 군인 2명이 큰 부상을 입는 사건이 벌어졌습니다. 당시 정부는 북한군이 한반도 군사분계선을 넘어 지뢰를 묻은 것으로 보고 대북 확성기를 통해 북한을 비난했습니다. 이에 북한도 참지 않고 사격을 하겠다며 목소리를 높였습니다.

당시를 생각하면 지금도 등골이 오싹합니다. 이러다 전쟁이 일어나는 거 아닌가, 국지전이라도 벌어지는 거 아닌가 할 정도로 긴장감이 최고조에 달했습니다. 그날 하루 대한민국에서 빠져나간 외국 자본이 자그마치 약 34조 원에 이른다고 합니다. 전쟁이 일어날지도 모른다는 불안 때문에 외국 투자 자본이 빠져나갔던 것입니다. 2019년 국가 예산이 470조 원인데, 34조 원이라면 7퍼센트에 달하는 금액입니다. 이 정도라면 개개인에게도 적잖은 영향을 미칠 수밖에 없습니다. 주식에 투자했던 수많은 소액 투자자나 기관 투자자가 엄청난 손해를 봐야 했습니다.

2010년 북한이 연평도에 포탄을 쏜 사건이 있었습니다. 민간인과 군인 4명이 사망한 참사였습니다. 당시 YTN이 사건을 생중계하는 2시간 동안 약 8조 원가량이 대한민국에서 빠져나간 것으로 추정됩니다. 전쟁이 일어날 가능성이 조금만 있어도 나라의 재산이 빠져나갑니다. 진짜 전쟁이 일어난다면 피해가 얼마나 클지 상상조차 되지 않습니다. 이처럼 전쟁의 위협이 존재하는 한, 경제적 피해는 발생할 수밖에 없습니다.

그러니까 평화

남과 북이 평화롭게 지낸다는 것은 우리의 재산과도 직접적인 관련이 있습니다. 많은 사람이 '평화가 돈' '평화가 경제'라고 이야기합니다. 평화롭다는 건 풍요롭게 산다는 뜻입니다. 같은 세금을 내더라도 더 많은 복지 혜택이 나에게 돌아온다는 의미입니다. 평화란, 추상적인 개념이 아니라 개개인의 삶과 직결되는 실질적인 조건입니다.

만약 평화가 깨지고 전쟁이 일어난다면 어느 정도 피해를 입을까요? 전쟁은 꼭 막아야 할 뿐만 아니라 일어날 가능성을 줄이고 또 줄여서 0퍼센트가 되어야만 경제적으로 발전하게 되고 외국의 투자 유치도 가능합니다. 불안한 분단체제, 언제 전쟁이 일어날지 모르는 국가는 경제적으로 발전하는 데 한계가 있을 수밖에 없습니다.

한반도에 전쟁이 일어날 가능성이 전혀 없다면 외국 투자자들이 안심하고 안정적으로 투자할 것이고 우리나라 경제도 더 많이 발전할 것입니다. 전쟁의 작은 가능성만으로도 하루에 국가 예산 10분의 1이 없어질 수도 있습니다. 우리는 그런 불안한 시대에 살고 있습니다. 국민 행복을 위해 분단이 주는 위험을 조금이라도 낮추는 것이야말로 시급하고 절실한 과제입니다.

간혹 북한과 일본이 축구를 하면 누구를 응원하겠느냐는 짓궂은 질문을 받습니다. 북한을 응원하겠다는 사람이 있을 것이고 일본을 응원하겠다는 사람도 있을 것입니다. 사람마다 북한에 대한 이해와 시선, 선호가 다를 것입니다. 그럼에도 북한은 언젠가는 우리와 함께 살아야 하는 사람들입니다.

남북은 5000년을 함께 살다가 지난 70년 동안 헤어져 살고 있습니다. 역사 시간에 고구려, 백제, 신라의 삼국통일 과정에 대해 배운 적이 있을 것입니다. 통일을 이루는 시간이 매우 오래 걸린 것처럼 느껴지지만 5000년 역사를 놓고 볼 때 그 과정은 그저 스쳐 지나가는 시간 정도입니다. 마찬가지로 남북이 통일되면 지난 70여년의 분단 과정은 역사의 한 페이지에도 미치지 못할 겁니다.

6·25한국전쟁으로 남북에서 300만 명 이상의 인명 피해가 있었습니다. 이 역사적 비극을 다시는 되풀이하지 않아야 합니다. 전쟁은 우발적으로 발생할 수도 있고, 어느 한쪽에서 선전포고를 하며 일어날 수도 있습니다. 한반도는 현재 전쟁이 중단된 휴전 상황입니다. 전쟁이 다시 일어날 가능성이 여전히 존재합니다. 그 가능성을 없애는 것이 바로 평화를 정착시키는 일입니다.

통일이 되면 경제적인 손해를 보는 사람이 생길 수도 있습니다. 정치적·경제적 손해가 있다고 생각하는 사람들은 별별 이유를 내세워 통일을 반대합니다. 하지만 분단으로 고통받는 사람들을 생각하고, 통일의 유익한 면을 본다면 결국 남과 북이 잘 지내야 한다는 것을 알 수 있습니다. '평화가 돈' '평화가 경제'라는 말은 지금 한반도에서 명제이자 진리입니다.

"분단국가 국민들은 분단 그 자체보다 분단을 정치적 이득을 위해 이용하는 자들에 의해 더 고통받는다."

영화 〈강철비〉에 나오는 대사인데, 새겨 볼 만한 말인 것 같습니다.

잘 살아 보세

분단 때문에 ①

우리나라는 세계 유일의 분단국가입니다. 분단에 따른 유·무형
의 비용 지출이 상당합니다.

2020년도 국방 예산안이 2019년 대비 7.4퍼센트 증가한 약 50조
원으로 편성됐습니다. 2017년 약 40조 원 규모에서 2년 반 만에
10조 원이 증가한 것입니다. 2019년에는 국가 예산이 470조 원인
데 8.5퍼센트가량인 40조 원이 국방비로 쓰였습니다.

미국에서 무기를 사 오는 비용이 한 해 약 4조 원(2018년 기준)

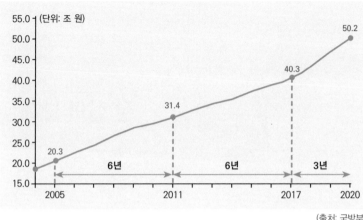

〈국방 예산 증가 추이〉

(출처: 국방부)

으로 2006년부터 2015년까지 미국의 재래식 무기를 가장 많이 수입한 국가가 우리나라입니다. 한반도 안보 상황이 불안하다 보니 어쩔 수 없는 조치라 할 수 있습니다. 우리나라 국민이 북유럽 국가에 견줄 만큼 많은 세금을 내고 있지만 복지 혜택이 적은 이유에는 국방비 비중이 높은 탓도 있습니다. 과도한 국방비 지출은 경제와 복지에 큰 부담이 됩니다.

분단 때문에 ②

병역은 국민의 기본 의무로 특별한 사유가 없는 한 피할 수 없습니다. 지금 남북이 대치하는 상황에서 군대는 선택이 아니라 의무 사항입니다. 2020년 6월 이후 입대자는 육군·해병대 18개월, 해군 20개월, 공군 22개월을 군대에서 보내게 됩니다. 병역의무를 다하는 동안 사회에서 일을 할 수 없으므로 경제적 손해를 감수해야 합니다. 한창 일할 나이에 경제 활동을 못 하니 국가적 손실일 수밖에 없습니다. 한반도에 평화가 정착되면 청년들이 경제적 주체가 될 수 있습니다.

사실 군에 입대하게 되면 가족, 친구와 헤어지니 보이지 않는 '눈물 비용'도 상당히 많이 듭니다. 사회심리적 손실이라 할 수 있습니다. 제대 이후에 사회로 복귀하는 비용도 만만치 않습니다. 의무적으로 입대하지 않는 다른 나라의 청년과 비교하면 어느 정도라도 뒤처질 수밖에 없습니다. 분단된 상황에서 가장 큰 고통은 국방비 지출과 군 복무 기간 동안 사회생활, 경제생활을 하지 못해 오는 손실일 것입니다.

남과 북이 갈라져서 만나지 못하는 사람들이 있습니다. 이산가족입니다. 북한에 가족을 두고 있는 이산가족 중에는 점점 나이가 들어 상봉을 못 하고 돌아가시는 분이 늘고 있습니다. 너무나 많은 사람이 이산의 아픔을 겪고 있는 것 또한 보이지 않는 분단비용입니다. 분단 70년 동안 남과 북이 떨어져 살았기 때문에 통일이 되더라도 민족의 정체성과 동질성을 회복하는 데 상당한 시간이 걸릴 것입니다. 역사적·사회적·문화적·경제적으로 서로

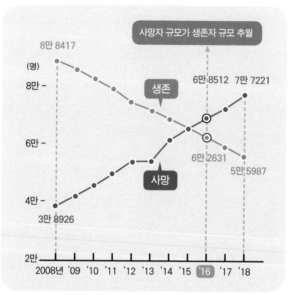

〈이산가족 생존자·사망자 변화 추이〉

사망자 규모가 생존자 규모 추월

8만 8417

(명)

생존

6만 8512 7만 7221

사망

6만 2631

5만 5987

3만 8926

2008년 '09 '10 '11 '12 '13 '14 '15 '16 '17 '18

(출처: 통일부, 2018년 12월 31일 기준)

다른 길을 걸어 온 탓에 이를 맞춰 나가는 비용도 굉장히 클 것입니다.

분단 때문에 ③

해방 이후 남과 북이 서로 다른 체제로 경쟁을 벌인 까닭으로 민주주의 발전이 오랜 기간 정체된 것도 적지 않은 손실입니다. 남쪽에서는 정통성이 없는 군부독재 세력이 반공과 전쟁 위기를 내세워 민주화 요구를 무시하고 탄압했습니다.

2019년 근래 벌어지고 있는 일본의 경제 침략·무역 갈등의 원인을 더 깊이 들여다보면, 사실 분단이 근본 원인입니다. 1945년 제2차 세계대전이 끝나고 해방이 되면서 1948년에 남과 북에 서로 다른 단독정부가 들어섰습니다. 당시 세 가지 민족적 과제가 있었습니다. 첫째 통일된 독립 국가를 건설하자, 둘째 친일파를 척결하자, 셋째 토지를 개혁하자입니다. 그런데 이승만 정부에서 오히려 친일파가 득세하는 어처구니없는 상황을 맞이하게 됐습니다. 통일된 독립국가를 향한 꿈은 멀어져만 갔습니다.

친일파는 이승만 전 대통령이 정권을 장악하는 데 큰 역할을 합니다. 이에 이승만은 친일파 척결을 위한 활동을 방해하고 무력화시킵니다. 당시 이승만은 주로 외국에서 활동했기 때문에 국내 기반이 없었습니다. 친일파를 중용할 수밖에 없었던 것입니다. 무엇보다 국회가 설치한 반민특위(반민족 행위특별조사위원회)*가 성과 없이 폐지되면서 친일파 척결의 결정적인 기회를 상실했습니다. 그 이후 독립운동을 했던 사람이 대접받지 못하는 사회가 되어 버렸습니다.

> 일제강점기 약 35년간 자행된 친일파의 반민족 행위를 처벌하기 위해 제헌국회에 설치되었던 특별 기구.

프랑스는 제2차 세계대전 기간에 2년 6개월 동안 나치의 통치를 받았습니다. 종전이 되자 그 기간에 나치에 협조한 민족 반역자를 처벌하기 위해 공소시효를 두지 않았습니다. 지속적으로 나치 부역자를 색출해 확실하게 처벌했습니다. 1980년대 중반에 이르러서야 '이제 관용을 베풀자'며 마무리를 지었습니다. 프랑스가 관용, 즉 톨레랑스(tolérance)의 나라로 불리게 된 큰 이유입니다.

우리나라는 단 1명의 친일파도 제대로 처벌하지 못했으니 참으로 통탄할 일이 아닐 수 없습니다. 더구나 1965년 한일기본조약을 맺으면서 일제강점기 35년의 피해와 고통을 3억 달러에 팔아넘기고 말았습니다. 우리가 이 모양이었으니 현재 일본 정권이 '1945년 이전에 35년간 조선을 강점한 것이 불법이 아닐 뿐만 아니라 오히려 조선을 근대화시켰으니 고마워해야 한다'라는 망언을 서슴지 않는 것입니다.

분단은 군부독재 정권의 등장을 가능하게 만들었습니다. 이승만 대통령이 하야하고 잠시 민주화 바람이 불었지만 군사쿠데타●로 박정희 군부 세력은 남북 간 긴장을 이용해 정권을 잡았습니다. 이후 북한이 언제 쳐들어올지 모르기 때문에 독재를 할 수밖에 없다는

● '정부를 뒤집는다'는 뜻의 프랑스어(coup d'État)로 무력으로 정권을 빼앗는 일.

논리를 내세워 18년간 폭압적인 정치를 일삼았습니다. 독재정권 시절 수많은 사람이 잡혀가서 고문을 당했습니다. 정권이 자기 입맛대로 하는 상황에서 민주화는 상당히 더디게 진행될 수밖에 없었습니다.

분단은 국가적으로, 사회경제적으로 사회심리적으로 엄청난 피해와 고통 그리고 손해를 끼쳐 왔습니다. 이에 따르는 분단 비용을 계속 지불하게 되면 우리나라는 선진 국가로 진입하기가 무척이나 어려워질 것입니다. 전쟁을 통한 평화와 통일은 불가능할 뿐더러 남과 북이 공멸하는 길이나 다름없습니다. 김대중 전 대통령의 햇볕정책이라든지 독일에서 이미 성공한 동방정책 같은 실질적이고 평화적인 방법에서 실마리를 찾아야 합니다.

분단만 아니라면

분단체제를 극복하고 남과 북이 평화롭게 살면 어떤 이익이 있을까요?

남과 북이 평화롭게 지내면 전쟁이 일어날 가능성이 줄어들고 남북 모두 과도한 국방비를 쓸 필요가 없어집니다. 평화로운 체제가 유지되면 남과 북 모두 국방비를 족히 절반으로 줄일 수 있을 것입니다. 우리나라의 국방비를 50조 원에서 25조 원으로 줄일 수 있다는 것입니다. 남는 25조 원으로 무엇을 할 수 있을까요?

우리나라는 이미 저출산·고령화 사회입니다. 양육에 부담을 느끼는 사람들이 아이를 낳지 않아 신생아 수가 점점 줄고 있습니다. 사망자 수가 출생아 수보다 많아져서 인구가 줄기 시작하는 첫

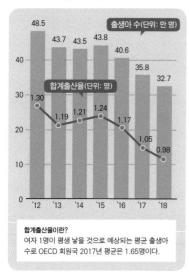

〈합계출산율·출생아 수 추이〉

출생아 수(단위: 만 명)

48.5　43.7　43.5　43.8　40.6　35.8　32.7

합계출산율(단위: 명)

1.30　1.19　1.21　1.24　1.17　1.05　0.98

'12　'13　'14　'15　'16　'17　'18

합계출산율이란?
여자 1명이 평생 낳을 것으로 예상되는 평균 출생아 수로 OECD 회원국 2017년 평균은 1.65명이다.

(출처: 통계청)

해가 바로 2019년입니다. 1958년 한 해에 태어난 아이가 100만 명을 넘었습니다. 2018년에는 약 33만 명으로 줄었습니다. 출산을 꺼리는 이유로는 양육비나 교육비 같은 경제적 부담을 꼽는 경우가 많습니다. 부모가 자식을 낳으면 남부럽지 않게 잘 키우고 싶은 마음이야 누구나 같을 것입니다. 그러나 경제적 부담이 워낙 커서 부모도 힘들고 자녀도 고생할 것 같으니 낳지 않는 상황이 이어지고 있습니다. 국가가 양육을 어느 정도 부담한다면 지금보다 아이를 더 낳지 않을까요? 한 해 태어난 30만 명의 신생아 가정에 2000만 원씩 준다면 6조 원 정도가 듭니다. 대학교까지 국가가 학비를 댄다면 한 해 10조 원 정도 쓰게 됩니다.

그렇게 써도 9조 원이 남습니다. 이 예산이라면 노동력이 없는 70세 이상 어르신 500만 명에게 매월 100만 원씩 줄 수 있습니다. 어르신들이 폐지를 줍고, 라면을 끓여 먹다가 홀로 쓸쓸하게 돌아가시는 일을 막을 수가 있습니다. 그렇게 되면 노모를 부양해야 하는 가족의 부담도 크게 줄어들 것입니다.

　많은 사람이 사회복지 제도가 잘 갖춰진 북유럽의 여러 나라를 부러워합니다. 노르웨이에서는 누군가가 다쳐서 일을 하지 못하게 될 경우, 부상 증명과 함께 노동할 수 없다는 증빙서류를 정부에 제출하면 사망할 때까지 매월 250만 원 정도를 지원받을 수 있습니다. 스웨덴의 경우 이미 몇십 년 전부터 15세까지 아동 수당을 주고 있습니다. 아이들은 아동 수당을 모아 여름과 겨울 방학에 외국으로 여행을 떠납니다.

　우리나라도 과도한 국방비를 줄여 사회복지 비용으로 사용할 수 있다면 북유럽 국가들처럼 복지 혜택이 잘 보장된 나라가 될 수 있을 것입니다.

우리도 핵을?

핵확산을 막는 NPT

정치인 중에 '북한도 핵무기를 가지고 있는데 왜 우리가 핵무기를 가지면 안 되냐'라고 말하는 분들이 있습니다. 핵무기의 피해가 너무나 크기 때문에 세계는 국제연합을 중심으로 핵을 갖지 말자는 논의를 했고, 핵 확산을 금지하는 NPT(핵확산금지조약, Nuclear Nonproliferation Treaty)*를 맺었습니다. 세계의 거의 모든 국가가 NPT에 가

> 핵무기가 무분별하게 제조·사용되는 것을 막기 위해 1969년에 UN 총회에서 채택된 조약. 기존 핵보유국 이외의 나라가 핵무기를 개발하거나 핵보유국이 비보유국에게 핵무기나 관련 기술을 이전하는 것을 금지한다.

입했습니다. 핵을 합법적으로 가질 수 있는 나라는 안전보장이사회 상임이사국인 미국, 영국, 프랑스, 러시아, 중국 다섯 나라뿐입니다. 이 나라들만 핵을 보유할 수 있다는 사실이 매우 불평등하게 보이는 것도 사실이지만 힘의 논리에 의해 유지되는 국제질서를 생각한다면 어쩔 수가 없습니다.

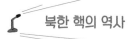

북한 핵의 역사

북한은 1993년까지 NTP에 가입되어 있었습니다.

그런데 1989~1990년에 동유럽 사회주의 국가들이 붕괴하고 소련이 해체하면서 냉전이 종식되기 시작했습니다. 당시 우리 정부는 때를 맞춰 소련, 중국과 수교를 맺었습니다. 북한으로서는 주변 사회주의 국가가 다 몰락한 데다 혈맹이라고 생각한 소련과 중국이 남쪽과 친구 관계를 맺는 것을 속수무책으로 지켜봐야 했습니다. 다른 사회주의 국가처럼 망할지도 모른다는 생각을 하게 된 김일성은 자립 수단을 강구하게 되고 그 결과 핵을 만드는 길로 들어섰습니다. 그러면서 NPT에서 탈퇴했습니다. 이에 미국과 북한은 스위스 제네바에서 회담을 갖고 제네바 합의*를 맺었습니다. 핵을 포기

> 1994년 미국과 북한이 맺은 국제 합의로 북한의 핵개발 포기의 대가로 북미 수교, 북미 간 평화협정, 북한에 대한 경수로 발전소 건설과 대체에너지인 중유 공급을 주 내용으로 하나, 2003년에 파기되었다.

하는 대신 남한은 북한을 공격하지 않을 것이고, 에너지를 지원하며 도와주겠다는 내용이었습니다. 이에 따라 1995년에 한반도에너지개발기구인 KEDO가 설립됐습니다. KEDO가 북한에서에너지(경수로 지원사업)를 만들 수 있도록 김영삼 정부가 지원해줬고 미국도 협조했습니다. 그러나 2002년 북한이 농축우라늄을개발하면서 협약은 깨지게 됩니다.

북한은 왜 핵을 만들까요? 이에 대해 북한은 역설적이게도 '핵을 폐기하기 위해 핵을 만든다'라고 답합니다. 핵을 만들고 나서그것을 폐기하는 조건으로 자신들의 체제를 보장받겠다는 것입니다. 그리하여 대북 경제 제재가 풀리고 북한도 경제적으로 발전된 정상 국가로 나아가겠다는 계획입니다. 북한은 2019년에도미국 트럼프 정부와 협상을 벌이면서 핵 폐기를 체제 보장의 조건으로 내걸었습니다.

2016년에 열린 당 대회에서 김정은 국무위원장은 '핵 없는 사회로 가겠다'며 비핵화를 목표로 세우고 전체 인민에게 공포했습니다. 이후에도 핵을 폐기하고 경제 발전을 위해 나아가겠다고밝혔습니다. 그 일환으로 2018년 1월 1일에 김정은은 신년사를통해 평창 올림픽에 참여하고 남북대화를 시작하겠다고 했습니다. 북한 역시 정상적인 국가로 가는 길을 간절히 원하고, 시대에따라 변화하고 발전해야 하는 것을 알고 있는 것입니다.

그동안 북한은 미국을 적대국으로 대했습니다. 마찬가지로 미국도 북한을 '테러국가'로 지정하고 경계해 왔습니다. 그런 미국과 북한이 2018년 6월 12일 싱가포르에서 정상회담을 가졌습니다. 북한 정권 수립 이후 70여 년 동안 적대와 반목을 거듭하던 양국 정상이 협상을 위해 한 테이블에 앉은 것만으로도 역사적인 사건으로 꼽힙니다. 이때 가장 많이 나온 단어가 '새로운 북미 관계 수립'이었습니다. 양국은 한반도의 비핵화와 항구적 평화를 위해

한 여성이 2018년 6월 12일에 있었던 북-미 싱가포르 회담 기사가 실린 뉴욕 타임스를 읽고 있다.

노력하겠다는 의지를 밝힌 바 있습니다. 그리고 지금도 과거의 적대 관계를 마무리하고 새로운 북미 관계를 수립하기 위해 여러 차례 협상을 진행하고 있습니다.

종전 선언은 한반도에서 전쟁이 끝났고 평화가 안착했다는 증거입니다. 종전은 말 그대로 전쟁이 끝났다는 것을 일컫는데, 전쟁 당사자가 협정이나 선언·조약 등을 통해 전쟁이 완전히 끝났다는 것을 선언하면서 실현됩니다. 그러기 위해서는 무엇보다 두 나라가 북미 수교를 맺어야 평화를 확신할 수 있습니다.

두 나라가 수교를 맺는다는 것은 더 이상 서로를 적으로 삼지 않는다는 것을 의미하기 때문입니다. 말은 간단하지만 평화를 향한 종전 선언－평화협정－북미 수교라는 과정은 두 나라의 서로 다른 생각과 여러 나라의 이해가 얽혀 있으므로 한 걸음, 한 걸음 떼는 일이 결코 쉽지 않습니다.

베트남처럼

북한은 정상적인 국가로 나아가기를 원하고 있고 그 해법을 베트남의 사례에서 찾고 있습니다. 베트남은 미국과 전쟁*을 했습니다. 1883년부터 프랑스의 식민지였던 베트남은 독립을 위해 프랑스와 전쟁을 치렀습니다. 베트남에서 오랫동안 독립운동을 이

끈 호치민은 사회주의자로 국민의 높은 지지
를 받았습니다. 마침내 호치민이 이끈 베트남
군이 프랑스를 몰아냈지만 당시 미국을 비롯
한 강대국은 베트남이 사회주의 국가가 되는
것을 원하지 않았습니다. 한반도가 북위 38도
에서 남과 북이 갈라진 것처럼 당시 베트남도

월남전 혹은 베트남전이라
고도 한다. 베트남의 통일
과정에서 미국과 벌인 전쟁
으로 1955~1975까지 이
어졌으며, 제2차 인도차이
나 전쟁이라고도 한다. 베
트남에서는 '항미전쟁'이라
고 부른다.

강대국에 의해 북위 17도에서 남과 북으로 분단되고 말았습니다.

베트남을 비롯해 동남아시아가 공산화되는 것을 염려했던 미국
은 베트남에서 전쟁을 일으켰고 전쟁은 1975년에 막을 내렸습니
다. 미국의 공격을 버텨 낸 베트남의 승리로 끝난 것입니다.

약 20년간 이어진 전쟁으로 두 나라는 원수가 된 듯했지만 시간
이 흐르면서 화해 분위기가 조성됐습니다. 미국이 먼저 베트남에
묻힌 미군의 유해를 베트남과 공동으로 발굴하자고 제안했던 것
입니다. 베트남이 이에 응하면서 영원히 화해할 수 없을 것 같았
던 두 나라는 과거를 뒤로하고 관계를 개선하기에 이르렀습니다.

이후 베트남은 미국의 도움과 협조를 받아 1986년에 경제 개혁·
개방 정책을 실시했습니다. 세계은행에 가입하고 외국 자본을 끌
어오며 베트남은 미국과 수교를 맺고 경제 발전을 이루게 됩니다.

현재 북한은 베트남과 같은 과정을 거치고 싶어 합니다. 베트
남은 개혁·개방을 이루고 통일도 됐고 미국과 우호적인 관계를

베트남 하노이의 도시화. 베트남은 경제 개혁·개방을 통해 경제 발전을 이루며 미국과 우호적인 관계
를 유지하고 있다.

유지하고 있습니다. 전쟁 승전국으로서 자존심을 세웠을 뿐만 아

니라 경제적 발전을 이룬 모습은 북한이 나아가고자 하는 모습입

니다. 북한 역시 개혁·개방을 통해 미국과 수교를 맺어도 자신들

의 권위가 손상되지 않기를 원하기 때문입니다.

 독일처럼

제2차 세계대전이 끝나고 냉전체제에서 서독과 동독으로 나뉘었던 독일은 1990년 10월 3일 통일을 합니다. 어떻게 통일할 수 있었을까요?

제2차 세계대전에서 패전한 후 독일은 연합군 4개국에게 분할되어 통치받았습니다. 서독은 영국·프랑스·미국이, 동독은 소련이 맡았습니다. 이후 서독은 자본주의 경제체제가 자리 잡으면서 민주주의 국가로 발전했지만 동독은 사회주의 공화국으로 소련의 위성국에 머물렀습니다.

1969년 서독에서는 사회민주당의 빌리 브란트가 총리가 됐습니다. 그가 펼친 정책이 동방정책이었는데, 우리나라의 햇볕정책*이라고 생각하면 됩니다. 동방정책을 선언하고 나

서 서독과 동독은 정상회담을 이어 갔습니다. 첫 번째 회담에서 양쪽 주민이 서로 편지를 주고받자는 우편 협정을 맺었습니다. 이후 40여 차례에 걸쳐 만남이 이루어지면서 지속적으로 교류하고 협력하며 통일의 길을 닦았습니다.

당시 서독은 동독에게 19년 동안 570여 억 달러, 우리돈으로 약 60조 원가량을 지원했습니다. 1년에 3조 원씩 꾸준히 지원한 셈인데 동독은 서독에게 고마움을 느끼고 마음의 빗장을 풀며 적대 관계를 해소할 수 있었습니다. 동독 주민은 서독 방송을 자유롭게 보면서 상호 이질감을 떨쳐 버렸습니다. 그런 과정이 있었

기 때문에 어느 날 베를린장벽*이 무너지고 말았습니다.

사회민주당이 정권을 잃고 기독교민주당연합의 헬무트 콜이 총리가 됐습니다. 정권은 바뀌었지만 서독 주민들은 동방정책을 지지하며 정부에 압력을 넣었습니다. 콜 총리도 동방정책을 받아들이고 화해 정책을 계속 밀고 나갔습니다. 그리하여 콜은 1990년에 통일된 독일의 첫 총리가 되었고, 그때 동베를린 물리화학 연구소 연구원이었던 앙겔라 메르켈(현재 독일 총리)이 여성청소년부 장관에 올랐습니다.

베를린장벽이 동서독을 갈랐지만 동독 주민들은 서독의 방송을 보며 문화의 이질감을 줄여 갔다. 사진은 일부 남겨진 베를린장벽.

독일이 통일된 지 30년이 채 되지 않았고 동독이 서독보다 세력이 훨씬 약했는데도 동독 출신인 메르켈이 2005년부터 지금까지 통일된 독일의 총리를 맡고 있습니다. 서독은 동방정책으로 동독과의 문화적·경제적 교류와 지원을 이어 갔고, 이를 바탕으로 통일을 이루어 냈습니다. 우리가 가야 할 방향도 독일과 비슷하다고 생각합니다.

우리도 핵을?

북한이 핵을 포기하지 않으니 한국도 핵무기를 가지면 어떨까요?

우리나라는 NPT에 가입해서 핵을 만들지 않겠다고 약속했습니다. 핵을 만들려면 NPT에서 탈퇴해야 합니다. 우리나라는 미국과 원자력협정을 맺었기 때문에 국내 원자력 활동을 미국이 감시하고 있습니다. 우리가 핵을 만들려고 하면 당장 미국이 제재를 가하게 됩니다. 미국과 대립하면서까지 핵을 만들게 되면 북한과 마찬가지로 경제 보복과 제재를 당할 수밖에 없습니다. 자연스럽게 한미동맹은 깨지고 미국과의 우호적인 관계도 끝나게 될 것입니다. 미국과 대립하면 우리나라에 주둔하고 있는 미군도 철수하게 되므로 외교적으로 매우 중대한 문제가 발생할 것입니다. 한마디로 우리가 핵을 만든다는 것은 미국과의 관계를 끊자는 의미이고 국제연합의 경제 보복을 감수하자는 것입니다.

국제연합과 미국이 우리에게 경제 보복 조치를 취한다면 수출 의존도가 높은 우리나라는 수출길이 막혀 경제가 대혼란에 빠지게 될 것입니다. 우리나라도 핵무기를 갖자는 말을 쉽게 할 수는 있지만 실제로 핵무기를 만든다면 가히 상상도 할 수 없는 후폭풍을 각오해야 할 것입니다. 당연히 국력은 급격히 기울 수밖에 없습니다.

우리가 할 일은 북한이 핵을 포기하고 글로벌스탠더드에 맞는 국가가 될 수 있도록 협력하는 것입니다.

더불어 경제, 더불어 평화

남북 간의 교류가 활발해지고 경제 활성화를 위한 노력을 함께한
다면 어떤 일이 벌어질까요?

많은 전문가가 남북한이 상호 화해와 교류, 협력을 통해 조금씩
경제·사회적 통합을 이뤄 갈 경우 머지않아 영국, 프랑스 등 선진
국을 제치고 선진 7개국, 즉 G7에 오를 수 있다고 전망합니다.

개성공단은 북한의 황해북도 개성특급시에 위치한 공업단지
로 한국의 대기업과 중소기업으로 조성되었습니다. 2005년에 업

체들이 입주했고 남북의 군사적 긴장감이 높아지던 2013년 4월 한 차례 폐쇄된 바 있다가 그해 9월 다시 개방했습니다. 그러나 정치적인 이유로 2016년 가동이 중단되어 현재까지 문을 닫은 상태입니다. 최근 남북 정상회담, 북미 정상회담에서 재개를 논의하고 있으니 머지않아 다시 활기찬 개성공단을 만날 수 있지 않을까 기대해 봅니다.

개성공단의 운영은 남북 평화에 어떤 이익이 있을까요? 서독의 동방정책을 설계한 빌리 브란트 총리의 정책 보좌관이자 '독일 통일의 창시자'라고 평가받는 에곤 바르 박사가 이런 말을 했습니다. "우리 독일에서 한 번도 생각해 보지 못한 모델이 개성공단이다. 개성공단을 끝까지 밀고 가다 보면 거기에 통일이 보일 것이다."

개성공단은 '800만 평에 공장을 짓고 1200만 평에 도시를 지어서 30만 명의 남북 노동자가 일하는 것'이 애초 계획이었습니다. 노동자 중 10퍼센트인 3만 명은 남한 사람으로 충당할 예정이었습니다.

당시 개성시와 개풍군의 전체 인구를 다 합쳐도 30만 명이 안되는 것으로 추정됐습니다. 개성공단을 계약할 때 김정일 국방위원장과 현대그룹 정몽헌 회장이 나눈 대화록을 보면 이런 내용이 있습니다. 정 회장이 "개성공단 노동자를 어떻게 충당하려고 합니까?" 하고 묻자 김정은 국방위원장은 주저하지 않고 "인민군 옷 벗겨서 넣으면 됩니다"라고 대답한 일화는 널리 알려져 있습니다. 개성공단은 경제를 넘어 전쟁을 막는 '전쟁 방지턱' 역할을 할 것으로 기대됩니다.

개성공단이 폐쇄된 그때는 북한 주민 5만 4000명이 와서 1단계까지 완성된 상태였습니다. 개성공단이 중단되기 전 마포구청 근처에서 개성으로 출근할 때 걸리는 시간이 45분 정도였습니다. 마포구청에서 노원구청으로 출근하면 러시아워 때문에 1시간 반 정도 소요되니 2배나 더 걸리는 셈입니다. 이북 지역에 가서 일하는 남한 노동자는 출퇴근하거나 기숙사 생활을 할 수 있었습니다. 남한 사람 3만 명이 북에 가서 일한다면 전쟁이 일어날 가능성이 현저히 낮아지는 것입니다.

만일 개성공단 같은 것이 북한에 10개 정도 생긴다고 하면 남한 노동자 30만 명이 북한에 가서 일하게 됩니다. 30만 명이 오가면서 북한 사람과 교류를 하고 친분도 쌓다 보면 서로의 사정도 알게 될 것이고 상호이해와 배려에 큰 도움이 될 것입니다. 그렇게 평화 정착과 통일로 가는 물꼬를 트게 된다면 사실상 전쟁의 위험은 사라질 것입니다.

북한에 10개의 공단이 자리 잡으면 북한은 세계에서 가장 좋은 조건의 투자처가 될 수 있습니다. 미국 자본이 가장 먼저 들어가려 할 것이고 순차적으로 일본과 남한 기업도 투자를 진행할 것입니다. 북한이 원하는 경제 발전을 이루고 교류가 지속되면 평화와 통일은 더더욱 앞당겨질 게 분명합니다. 정전협정이 평화협정으로 이어지고 한반도 비핵화와 불가침선언 등이 이뤄지는 날을 상상해 봅니다.

왜 금강산인가

금강산은 또 어떨까요? 금강산 관광은 1998년부터 시작되었습니다. 초창기 관광객들은 동해항에서 유람선을 타고 출발해 장전항(북한 고성항)에 도착했습니다. 장전항은 만의 입구는 좁으나 안으로 들어갈수록 넓어지는 형태를 이루고 있습니다. 주변이 산으로 둘러싸여서 파도가 일어도 앞바다는 고요하기만 합니다. 금강산 관광이 시작되기 전에 그곳은 북한의 최남단 남침용 해군기지였습니다.

금강산 관광을 시작하면서 장전항에 배치됐던 남침용 함정과 잠수함 등을 원산 쪽으로 이동시켰습니다. 북한이 개성공단, 금강산도 개방했다는 것은 전쟁하지 말자는 뜻도 포함됐던 것입니다. 장전항도 전쟁 방지턱과 같은 역할을 했습니다.

개성공단이 활발히 돌아가고 금강산에 왕래할 수 있다는 것은 전쟁의 가능성이 점점 줄어든다고 알려 주는 바로미터라 할 수 있습니다.

자본주의라도 좋아

현재 북한은 금강산, 개성공단 같은 국가 단위의 자유경제무역지대인 경제특구를 여러 곳에 지정했습니다. 북한 외국문출판사가 최근 발간한 『조선민주주의인민공화국 주요경제지대들』에 따르면 원산-금강산국제관광지대, 라선경제무역지대, 황금평·위화도경제지대, 금강산국제관광특구, 신의주국제경제지대, 강령국제록색시범구, 은정첨단기술개발구, 진도수출가공구 등 2018년 현재 총 27개에 달합니다.

경제특구에는 자율 경영 제도를 도입할 예정이었습니다. 기업에게 직접 대표를 뽑아 운영하도록 자율 경영권을 주고, 인센티브제도, 즉 성과급제를 도입하는 방안도 마련해 놓았다고 합니다. 어느 정도 자본주의 시스템을 받아들이겠다는 뜻으로 읽힙니다. 북한 역시 국방비를 과도하게 지출하고 있습니다. 미국과 대립하고 있는 상태로 경제 제재 조치를 받고 있습니다. 경제가 성장하고 발전한다면 자본주의가 아니라 그 이상도 수용할 것입니다. 미국과의 관계 개선을 통해 경제특구를 활성화시키는 게 북한이 나아갈 길입니다.

경제 발전의 모델이 되는 것 가운데 하나가 남북철도입니다. 남북철도가 이어지면 남북은 물론 일본, 중국, 러시아 등 주변 국가들에게도 이익이 됩니다. 북한은 통행세로 수입을 올릴 수 있습니다. 김일성은 생전에 그 수익금을 3억 달러로 계산했습니다. 요즘으로 환산하면 10억 달러에서 15억 달러에 이르는 금액입니다. 남한의 국방비가 50조 원이고 북한은 1조 원 정도입니다. 통행세로 1년치 국방비만큼 벌어들일 수 있다는 것입니다.

남한의 열차가 평양을 통과하려면 무엇보다 먼저 북한과 미국이 수교를 맺어야 합니다. 그러고 나서 미국이 북한의 정치적 후견국이자 우방국이 되어 체제 안정을 보장해 줘야 합니다. 북한과 일본도 수교를 맺게 될 것입니다. 수교 과정에서 과거 전쟁에 대한 배상에 따라 '대일 청구권'으로 200억 달러(20조 원) 규모의 일본 자금을 받을 수 있습니다. 북한은 경제가 살아날 것이고 일본은 시베리아 횡단열차를 이용할 수 있습니다. '누이 좋고 매부 좋다'는 이럴 때 딱 어울리는 속담입니다.

북한이 주한미군을 남한에서 유지해도 된다, 철수시키지 않아도 좋다고 한 것은 독일의 동방정책에서 착안한 것으로 보입니다. 한반도와 동북아시아 안보에서 미국이 계속 주도권을 쥐게 하고 남북한은 평화를 유지하면서 통일을 향해 가면 된다는 판단인 것입니다.

남북철도가 실현되려면 북한의 철도 개선이 선행돼야 합니다. 단선철도를 복선철도로 바꿔야 하고 속도도 높여야 하는 등 해결해야 할 일이 많습니다. 이를 위해 2007년에 남북철도 연결을 위한 국회의원 지원 모임이 만들어지기도 했습니다. 당시 계산으로는 철도 개선에 드는 비용이 4조 원 정도였는데 지금도 크게 다르지 않습니다. 북한은 땅값과 임금이 거의 오르지 않았기 때문입니다. 하루빨리 대북 제재가 풀리고 외국자본이 들어가야 하는 이유이기도 합니다.

남한에는 없는 지하자원이 북한에는 엄청 많습니다. 가장 풍부한 자원은 우라늄입니다. 보크사이트, 마그네사이트, 은, 철 등도 대량 매장되어 있는데 얼추 계산해도 50년 이상을 쓸 수 있고 그 가치는 무려 7000조 원에 이른다고 합니다. 우리는 기술이 있고 북한은 자원이 있습니다.

전쟁 가능성이 줄어들면 국방 예산도 줄어들어서 복지 예산으로 전환할 수 있습니다. 대통령이 취임 선서에서 말하는 "나는 헌법을 준수하고 국가를 보위하며"는 국민·주권·영토를 지킨다는 뜻입니다. 대통령이 해야 하는 중요한 역할 중 하나는 전쟁의 위협을 제거하는 것입니다.

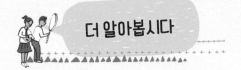

부산발 파리행 대륙횡단열차

일제강점기였던 1936년 독일 베를린에서 올림픽이 개최되었습니다. 태극기가 아닌 일장기를 달고 마라톤에 참가했던 손기정 선수는 비행기가 아닌 기차로 독일에 갔습니다. 서울역에서 파리행 기차표를 사서 베를린까지 시베리아 횡단 열차를 타고 갔습니다.

지금은 분단되어 유럽까지 갈 수 없지만 일제강점기 시절에는 남북이 철도로 연결되어 기차로 유럽까지 갈 수 있었습니다. 북한 구간만 개통된다면 누구나 열차로 유럽까지 여행할 수 있습니다. 부산, 목포에서 기차를 타고 대전, 서울, 평양, 신의주를 거쳐 중국을 통과하는 구간이 있고 러시아 블라디보스토크를 거쳐 시베리아를 횡단하는 구간이 있습니다.

중국과 러시아, 유럽의 철도는 실핏줄처럼 연결되어 있습니다. 아쉽게도 북한 구간이 막혀서 우리는 섬 아닌 섬나라처럼 살고 있습니다.

만약에 남북 관계, 북미 관계가 잘 풀려서 북한 철도가 개통된다면 시베리아 횡단 열차를 타고 2~3주간 수학여행을 다녀올 수도 있습니다. 열차로 유럽까지 간다는 것은 단순한 여행을 넘어서 육로로 국경을 넘는 새로운 경험입니다. 더 큰 꿈과 이상을 품을 수 있습니다.

이뿐만 아니라 남북철도가 연결되어 부산에서도 베를린은 물론 파리, 런

던까지 가게 된다면 일본 역시 열차를 이용해 수출 상품을 유럽으로 실어 나를 수 있을 것입니다. 일본에서 유럽까지 배로 수출품을 운반하는 데 40일이 걸리지만, 열차는 14일이면 충분합니다. 물류비용이 절감되는 것은 물론이고 일본 수출품의 가격 경쟁력이 생기는 것입니다.

그렇게 되면 부산항은 지금보다 규모가 더 커질 것이고 부산 지역도 크게 발전할 것입니다. 현재 부산은 350만 명이 사는 도시에 불과하지만 어쩌면 인구 500만 명이 넘는 국제적인 대도시가 될 수도 있습니다.

남북철도는 어마어마한 부가가치를 창출할 수 있는 절호의 기회입니다. 한마디로 대한민국의 국운이 폭발적으로 상승한다는 뜻입니다. 대한민국 역사에 위대한 족적을 남기게 될 것입니다.

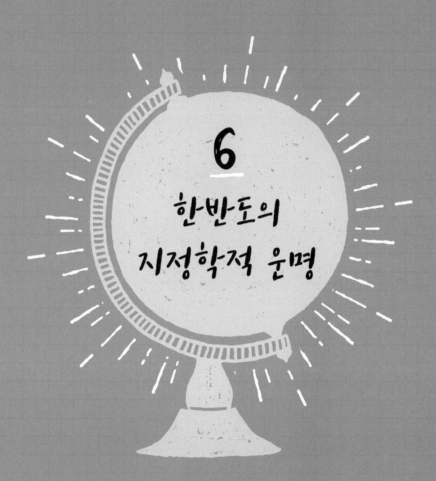

6

한반도의
지정학적 운명

외교라는 것은 가장 지저분한 것을
가장 아름다운 방법으로
행하고 말하는 것이다.
-아이작 골드버그

그래도 살아남았다는

대륙과 해양 사이에서

한반도는 지정학적으로 대단히 첨예한 위치에 있습니다. 북으로
는 중국과 러시아 두 강대국이 있고 바다 건너에는 일본과 미국
이 있습니다. 중국과 러시아로 상징되는 대륙 세력과 일본과 미
국으로 이어지는 해양 세력이 충돌하는 곳이 한반도입니다.

역사를 거슬러 올라가면 대륙의 중국과 몽골에게 여러 차례 침
략을 받았고 해양 국가인 일본으로부터도 지속적인 공격을 받았
습니다. 6·25한국전쟁 이후에도 70년 넘게 경제력·군사력으로

세계 1, 2위를 다투는 나라들의 이해관계에서 자유롭지 못합니다.

한반도에는 외세의 침략이 그칠 날이 없었습니다. 대표적으로 임진왜란*이 있습니다. 도요토미 히데요시가 일본을 통일하면서 생긴 잡음을 없애려고 밖으로 눈을 돌려 조선을 정벌하고 대륙으로 나아가려 했습니다. 전쟁은 7년 동안 이어졌고 피해는 이루 말할 수 없을 정도였습니다. 조선 제14대 왕인 선조가 신의주까지 몽진(蒙塵)하며 조선은 최악의 상황에 몰렸지만 성웅 이순신 장군의 경이로운 활약과 민초의 의병 활동으로 나라를 구할 수 있었습니다. 하지만 그 후로도 일본은 침략과 약탈, 납치 등을 멈추지 않았습니다.

1800년대 후반에는 우리 힘으로 나라를 지킬 수 없는 상황까지 몰렸습니다. 그럼에도 관리들의 부정부패는 오히려 폭발적으로 늘었고 도탄에 빠진 백성들의 삶은 피폐해졌습니다. 1894년 더 이상 참을 수 없었던 백성들이 들고 일어났습니다. 갑오농민전쟁이라고도 불리는 동학농민운동이 들불처럼 타올랐던 것입니다. 농민들은 '사람이 곧 하늘이다, 민심이 천심이다, 나라의 주인은 백성이다'라고 하며 인내천(人乃天) 사상을 외쳤습니다. 왕이 곧 국가였던 왕조시대에 인내천 사상을 주장하는 일은 역모나 다름

없었습니다.

딱하게도 당시 왕이었던 고종은 농민을 설득할 논리도, 농민군을 진압할 무력도 없었습니다. 그 정도로 당시 왕실과 조정은 무력했습니다. 결국 청나라와 일본을 끌어들여 사태를 수습하기에 이르렀습니다. 특히 일본군은 동학농민운동을 무력으로 진압하면서 조선 백성들을 대량 학살하는 데 주저함이 없었습니다. 이뿐만 아니라 일본은 이를 기회 삼아 조선에서 주도권을 가지게 됐습니다. 일본은 우리 땅에서 청나라와 전쟁도 벌였습니다. 청일전쟁●으로 한반도는 한순간에 쑥대밭이 됐고 조선 백성은 극심한 고통을 겪어야 했습니다. 당시 조선은 사실상 주권이 없는 나라였습니다.

> 1894~1895년 조선의 지배를 둘러싸고 중국(청)과 일본 간에 벌어진 전쟁.

가쓰라-태프트밀약

1800년대 후반부터 1900년대 초반 사이에 미국이 강대국으로 떠올랐습니다. 당시 영국, 프랑스, 일본, 독일 같은 나라는 세계 곳곳에 식민지를 건설했습니다. 산업혁명 이후 각국이 산업화되고 대량의 공산품이 생산됐습니다. 자국 안에서의 소비가 한계에 이르자 활로를 찾으려고 식민지 개척에 나섰던 것입니다. 식민지를 물색하던 미국은 1905년 일본과 가쓰라-태프트밀약을 맺었습니다. 조선은 까맣게 모르고 있었습니다. 일본 총리 가쓰라 다로와 미 육군장관 윌리엄 태프트가 '일본은 미국의 필리핀 지배를, 미국은 일본의 대한제국 지배를 인정한다'는 협정을 했던 것입니다. 그리하여 미국의 묵인 하에 일본은 1905년 을사늑약*을 체결하여 대한제국의 외교권을 박탈해 버렸습니다. 이후 대한제국은 1910년 일본에 강제합병을 당하고 식민지로 전락하고 말았습니다.

> 일본이 대한제국의 외교권을 박탈하기 위해 체결한 조약으로 이토 히로부미가 군대를 동원해 인준을 강요했다. 이에 학부대신 이완용을 포함한 을사5적이 체결에 찬성했다.

지금 미국은 우리나라와 한미동맹을 맺고 있는 우방국이지만 100년 전에는 일본의 조선 침략을 묵인한 나라였습니다. 국제사회에서는 어제의 적이 오늘의 동지가 되고, 오늘의 동지가 내일의 적이 되기도 합니다. 가쓰라-태프트밀약을 맺고 일본과 친한 듯 보였어도 제2차 세계대전을 일으킨 일본에 원자폭탄을 터트려서 항복문서를 받아 낸 나라도 미국이었습니다. 가쓰라-태프트밀약을 맺은 지 40년 만에 우방에서 적으로 바뀌었던 것입니다.

우리나라는 일제강점기 35년 동안 끊임없이 독립운동을 했습니다. 1919년 상해임시정부가 출범했고 이어 광복군도 창설했습니다. 그런데 1945년 연합군이 제2차 세계대전에서 승리하고 일본이 항복을 하게 되면서 갑자기 해방이 찾아왔습니다. 국내외에서 독립운동을 하며 우리 힘으로 독립을 쟁취하려 했던 노력이 물거품이 되고 말았고 오히려 국론이 분열되는 쪽으로 흘러갔습니다.

독립운동 진영에는 다양한 분파가 존재했습니다. 백범 김구가 중심이 된 민족주의가 있었고 사회주의 계열도 있었습니다. 사회주의는 김일성을 따르는 북쪽 세력과 박헌영을 대표로 하는 남쪽의 남로당 세력으로 나누어졌습니다. 그런 이유로 미국과 소련 두 강대국이 남과 북을 분할 점령하는 동안에도 국론이 통일되기 어려웠습니다. 그 와중에 외세가 강제로 그은 북위 38도선은 분단을 고착화했습니다.

한국 현대사 100년을 들여다보면 지금 우리가 분단으로 고통받고 있는 까닭은 결국 강대국들이 원인이었습니다. 외세가 만들어 낸 분단이기 때문에 우리만큼 통일을 원하는 나라는 없습니다. 그 과정이 아무리 험난하고 고통스럽더라도 북한과의 대립과 반목은 기필코 풀어 나가야 합니다.

참 불편한 일본

일본은 왜? ①

2019년 벌어진 한일 무역 분쟁은 사실상 경제 전쟁이라고 할 수 있습니다. 일본은 왜 무역 분쟁을 일으켰고, 목적은 무엇일까요?

일본이 우리나라 침략에 대해 반성과 사과를 전한 적이 두 번 있습니다. 1993년 관방장관 고노 요헤이가 담화를 통해 "일본군 위안부를 인정하고 사과와 반성의 마음을 올린다"라고 했습니다. 다음으로 무라야마 도미이치 전 총리가 1995년 "식민지 지배와 침략으로 아시아 제국의 여러분에게 많은 손해와 고통을 줬다.

의심할 여지없는 역사적 사실을 겸허하게 받아들여 통절한 반성의 뜻을 표하며 진심으로 사죄한다"라고 발표했습니다.

하지만 '대일본제국의 영광을 꿈꾸는' 일본인들은 사과와 반성을 거부하고 오히려 '일본회의'라는 새로운 극우 조직을 만들었습니다. 일본회의는 천황제 부활과 신사 참배, 군사 대국화를 통한 동아시아 패권 장악을 기치로 내걸고 있습니다. 현 일본 총리인 아베 신조를 비롯해 내각 각료 대부분이 일본회의 출신입니다. 일본회의는 무라야마 전 총리 담화 이후에 일본의 역사 교과서가 왜곡됐다고 소송을 걸었습니다.

법정 다툼 끝에 일본 교과서에서 일본군 '위안부'●와 독도가 삭제됐습니다. 재판 중인 사안은 관련 항목을 삭제할 수 있다는 규정을 악용한 것이었습니다. 조선 침략에 관한 내용도 교과서에서 빠졌습니다. 조선 침략은 합법이며 조선을 근대화시켰으므로 사과할 일이 아니라는 게 일본회의의 주장입니다. '위안부'는 물론이고 강제징용도 한 적이 없다고 발뺌을 합니다. 조선인이 돈을 벌기 위해 자발적으로 나섰다는 것입니다.

일본회의는 동북아 평화 질서를 위해 일본

●안식을 준다는 뜻의 '위안부(Comfort Women)'는 우리 입장에서는 불편한 표현이다. 성 노예의 아픔을 표현하기 위해 명칭에 작은따옴표를 붙여 일본군 '위안부'로 쓴다. 국제사회에서는 '일본군 성 노예'라는 표현을 쓰고 있으나 생존해 계신 할머니들이 느낄 거부감을 생각해 우리나라에서는 사용하지 않는다.

●●제2차 세계대전 패배 후 일본이 새롭게 제정한 법으로 제9조는 '전쟁을 포기하고 군사 전력을 가지지 않으며 교전권을 부인한다'는 내용을 담고 있다.

일본 정부는 조선 침략과 일본군 '위안부'의 강제 동원을 부정하고 있다.
사진은 일본군 '위안부'의 피해자들을 기리는 평화의 소녀상.

에 군대가 있어야 하고 전쟁 가능한 국가로 만들어야 한다면서
평화헌법 제9조●●를 바꾸자고 목소리를 높입니다. 그것이 미국
에 이익이 된다고까지 우기고 있습니다.

　현 일본 정부는 일본군 '위안부'와 강제징용은 없었고, 독도는
일본 땅이라는 것을 인정하라고 우리 정부에 요구합니다. 물론
우리 정부는 절대 받아들일 수 없다는 입장입니다.

제2차 세계대전을 일으킨 독일과 일본은 동일한 패전국입니다. 하지만 두 나라에는 큰 차이점이 있습니다. 독일의 빌리 브란트 총리는 1970년 폴란드 바르샤바에 있는 홀로코스트* 추모비 앞에서 무릎을 꿇고 진심으로 사과하고 반성했습니다. 당시 국제적으로 가장 영향력 있던 주간지 『타임』은 빌리 브란트 총리를 '올해의 인물'로 선정했습니다.

> 제2차 세계대전 중 나치 독일이 자행한 유대인 대학살로 약 600만 명이 희생되었다. 인간의 폭력성, 잔인함을 극단적으로 보여 주는 사건이다. 보스니아 내전, 르완다의 종족 분쟁, 캄보디아 내전에서도 대량 학살이 벌어져 홀로코스트는 여전히 국제적인 문제로 남아 있다.

　독일과 일본은 전범국이고 대량 학살을 저질렀습니다. 그러나 독일과 달리 일본은 피해를 끼치고 고통을 안긴 나라에 진심으로 사과하지 않았습니다. 독일은 전쟁범죄자를 처벌했지만 일본은 하지 않았고, 독일은 70년 동안 지속적으로 전쟁 피해에 대해 배상해 왔지만, 일본은 인정도 하지 않은 채 배상인 듯, 아닌 듯 불확실하게 처신했습니다. 독일은 정치지도자가 공개적으로 사과했지만 일본은 사실상 하지 않았습니다.

　독일은 전범을 찬양할 경우 처벌하지만 일본은 그렇지 않습니다. 독일은 전쟁과 관련해 철저히 교육을 시키고 있지만 일본은 교과서에서 왜곡된 역사를 가르치고 있습니다. 독일은 전쟁 피해자들을 모욕하지 않지만 일본은 지금도 모욕적인 언행을 멈출 생각이 없습니다. 독일은 패배 의식을 갖고 있지만 일본은 피해 의식을 갖고 있습니다. 독일은 전쟁 당시 전범기인 '하켄크로이츠' 사용을 완전 금지하고 있지만 일본은 전쟁 전부터 썼다면서 군국주의의 상징인 '욱일기' 사용을 내버려 둡니다. 독일은 홀로코스트를 부정하면 엄중하게 처벌합니다.

결국은 국격의 차이입니다. 독일은 G7 선진국으로 재진입했습니다. 전쟁 중 피해를 입은 나라들의 증오도 사라져 가고 있습니다. 하지만 일본은 오히려 증오를 부추기고 있습니다. 거리상으로는 가깝지만 심리적으로는 가장 멀게 느껴지는 일본, 이 악연이 언제 끝날지 답답합니다.

강대국 활용법

빌리 브란트 서독 총리의 동방정책은 사회민주당이 내놓은 것이었습니다. 이후 정권을 내주었지만 상대 당인 기독교민주연합 헬무트 콜 총리는 동방정책을 계승했습니다. 국민이 동방정책을 지지했기 때문입니다. 독일 통일에 대한 국민의 염원은 동서 양국의 정권을 움직여서 화해 분위기가 무르익었습니다. 그러자 영국과 프랑스 등 주변 강대국들이 경계의 빛을 감추지 못했습니다.

독일이 통일되면 힘이 너무 커져서 또다시 전쟁의 광풍이 불지 않을까 염려했던 것입니다. 이에 독일은 미국의 힘을 빌렸습니다. 독일은 전범국이어서 그때나 지금이나 미군이 주둔하고 있습니다. 외국에 주둔하는 미군 가운데 가장 큰 규모입니다. NATO(북대서양조약기구)도 활동하고 있습니다. 당시는 소련과 미국이 대립한 냉전시대였고 독일은 소련의 냉전 확산을 막는 핵심 방패였습니다. 독일은 미군 주둔과 NATO 활동을 반대하지 않고 방패 역할을 계속 수행하겠다고 미국을 설득했습니다.

미국은 영국과 프랑스를 설득하는 데 앞장섰고, 결국 독일은 통일을 이루게 됐습니다. 우리도 미국과의 관계를 현명하고 지혜롭게 이용해야 할 것입니다.

슬기로운 반도 생활

한반도가 통일된다면?

우리 주변 국가들은 한반도 평화를 원할까요? 평화는 좋은 것이니까 주변 국가도 통일을 지지하지 않을까 싶지만 꼭 그렇지만은 않습니다.

중국은 통일한국이 미국·일본에 유리한 정책을 펴 나갈 것이라고 예상합니다. 우리나라 자본이 중국 대신 북한에 투자되어 자국의 경쟁력을 떨어뜨릴 수 있다고 진단하는 전문가들도 있습니다. 반면 미국의 군사적 위협이 줄어드니 긴장 완화와 비용 절

감에 따른 이익이 생길 수도 있습니다. 일본은 겉으로는 통일한국을 지지하는 것 같지만 어떤 나라보다 복잡한 속내를 드러내고 있습니다.

미국 입장에서도 남북 긴장 완화가 달가울 리가 없습니다. 한반도가 중국이나 러시아와 가까워지게 되면 고립무원의 처지가 될지도 모르기 때문입니다. 미국은 세계 경찰 국가를 자처하며 세계 질서를 주도하려는 나라입니다. 당연히 남북 평화 논의도 자신들의 주도 아래 이루어지기를 원합니다.

러시아는 북한과의 관계를 강화함과 동시에 한국·일본과 경제 협력에 나설 것입니다. 한반도에 러시아 가스를 팔고 싶어 합니다. 북한을 통하면 육로로 운반이 가능합니다. 기존보다 저렴하게 가스를 수입하니까 우리도 좋지만, 러시아의 진짜 속내는 미국을 견제하는 것입니다.

남북을 둘러싼 강대국 간의 서로 다른 셈법 탓에 평화로 가는 길은 멀고도 험할 수밖에 없습니다. 현 정부든 다음 정부든 독일 통일을 교훈 삼아서 외교적 수완을 찾아야 할 것입니다. 주변 세력을 적절히 활용하는 고도의 전략이 필요합니다.

지혜가 필요해

일본이 우리나라를 만만히 보고 무역 분쟁을 일으켰지만 감히 미국을 상대로는 대항할 수 없습니다. 일본은 제2차 세계대전 때도 치밀하게 준비해서 진주만을 공격했지만 결국 돌아온 것은 원자폭탄 투하였습니다. 그렇기에 우리는 미국을 통해 일본을 제압할 수밖에 없습니다.

미국과 중국이 무역 갈등을 일으키게 되면 우리로서는 불편한 일이 여러 가지 생겨 납니다. 우리나라의 무역량을 보면 중국에 수출하는 것이 미국과 일본을 합친 것보다 두 배나 많습니다. 무역은 대미(對美) 의존도보다 대중(對中) 의존도가 더 크다는 것입니다.

중국이 경제 보복을 하게 되면 우리 경제는 무너질지도 모릅니다. 그러니 정치적으로는 미국과 잘 지내야 하고 경제적으로는 중국과 잘 지내야 하는 어려운 상황에 놓여 있는 것입니다. 지정학적 운명이라 어쩔 수 없는 상황입니다.

외교가 점점 더 중요해지고 있습니다. 남과 북 그리고 미국, 일본, 중국, 러시아 6개국의 역학 관계를 잘 이용해야 할 것입니다.

판문점에서 만난 남과 북 그리고 미국

일반적으로 세계 각국의 국무부(우리나라는 행정안전부)는 자국의 정책을 담당하는 부서인데, 미국은 다릅니다. 미국에는 외교부가 없습니다. 대한민국 외교부가 하는 일을 미국에서는 국무부가 맡고 있습니다. 한마디로 한반도 및 일본, 중국과 관련된 사안은 미국 내부의 일이란 뜻입니다. 미국은 전 세계 국가의 일에 개입하고 있다고 생각하면 됩니다.

세계 각국의 수출입 결제나 금융 거래는 대부분 달러를 사용합니다. 미국은 이 달러로 세계를 쥐락펴락하고 막강한 군사력으로 세계 정치를 좌지우지하고 있습니다.

보통 미국에서 한반도 문제를 다룰 때, 국무부의 동아시아태평양 담당 차관보인 국장급 정도의 인물이 결정하고 처리합니다. 하원에서는 아시아태평양 소위원회가 관련 사항을 결의합니다. 그만큼 중요도가 덜한 사안으로 취급되었습니다. 그런데 요즘에는 한반도 문제에 미국 대통령이 직접 관여할 정도가 됐습니다. 도널드 트럼프는 사안에 따라 외교적 성과로 내세울 뿐 아니라 대선 캠페인으로도 활용하고 있습니다.

현대사 100년 동안 단 한 번도 없었던 일입니다. 무엇보다 남한과 북한, 미국 세 정상이 역사적인 회동을 했던 게 컸습니다. 세

나라의 정상이 톱다운(top down) 방식으로 사안을 논의한다는 것은 대단한 의미가 있다고 할 수 있습니다. 이전에는 국장, 차관보, 차관, 장관, 대통령까지 보고가 올라가는 동안 서로 이해가 충돌하고 감정이 상하면서 파행으로 치달았습니다. 지난 25년간 이같은 바텀업(bottom up) 방식으로 핵 문제를 해결하려다가 실패를 거듭했습니다. 실무진에게 결정권이 없었기 때문입니다. 이제는 아예 정상끼리 만나서 결정하고 실무적으로 뒷받침하는 방식을 선택하고 있습니다.

1990년 소련의 고르바초프 대통령과 미국의 부시 대통령이 지중해의 몰타에서 만나 냉전을 해제하고 전략무기를 축소하자는 회담을 가졌습니다. 이 역사적 회담으로 미국과 소련은 화해를 하고 냉전을 종식시켰습니다. 섣부르지만 2018년 6월 12일 싱가포르에서 도널드 트럼프 대통령과 김정은 국무위원장이 만난 것도 궁극적으로 역사적 '사건'이 되길 기대해 봅니다. 아직은 한반도에 희망과 기회가 남아 있다고 생각합니다. 남·북·미 세 정상이 반드시 해결해야 합니다. 언제 다시 올지 모를 기회입니다. 누구보다 문재인 대통령이 중재자이자 촉진자이자 운전자로 북미간 갈등을 조정하는 중재 역할을 해야 할 것입니다. 앞으로 2~3년이 중요합니다.

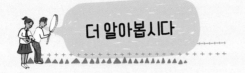

평화 수호신

지금 이 시간에도 세계 곳곳에는 평화를 위해 노력하는 여러 국제기구와 비정부기구(Non-Governmental Organization, NGO)가 있습니다. 분단된 남북 상황에 영향을 미치는 대표적인 곳을 소개합니다.

국제앰네스티(Amnesty International)

국제사면위원회로 인권침해, 언론과 종교 자유에 대한 탄압, 반체제 인사의 투옥과 고문 행위를 고발하고 정치범 석방이 필요할 때 구제를 위해 노력하는 NGO입니다. 영국 런던에 본부가 있으며 세계 최대 인권 단체입니다. 모든 사람이 차별받지 않고 인간다운 권리를 누릴 수 있는 세상을 만들기 위해 활동합니다.

국경 없는 기자회(Reporters Without Borders, RWB)

세계 언론인들의 인권을 보호하고 언론 자유를 수호하기 위해 1985년 프랑스의 로베르 메나르가 설립한 NGO입니다. 2002년 이후 매년 발표하는 '세계 언론 자유 지수'를 통해 각국의 언론 자유 지수를 알리고 있습니다. 이 지수는 180개국을 대상으로 인권 단체, 전문기자, 법률 전문가, 인권운동가

등의 지원과 조사에 따라 수치를 매깁니다. 대한민국은 2019년 41위에 올라 2007년 이후 가장 높은 언론 자유 지수 순위를 기록했습니다.

유엔세계식량계획(World Food Programme, WFP)

기아 퇴치를 목적으로 활동하는 국제기구로 UN에 소속된 기구입니다. WFP는 1995년 10월 평양에 사무소를 열고 북한에 대한 식량 지원도 활발하게 하고 있습니다. 2011년에는 북한 주민 610만 명이 식량 위기에 처해 있다는 내용의 보고서를 발표했고 2012년까지 북한 주민 350만 명에게 식량 31만 톤을 지원할 계획을 밝히기도 했습니다.

유진벨재단(Eugene Bell Foundation)

유진벨(한국명 배유지) 선교사의 4대손인 인세반(스티브 린턴) 박사가 대북 지원을 목적으로 1995년 설립한 NGO입니다. 유진벨재단은 북한에 대해 인도적 차원의 지원뿐만 아니라 남북 민간 교류의 창구로써도 역할을 하고 있습니다. 또한 일반인의 후원을 받아 북한의 결핵을 퇴치하는 데 기여하고 있습니다.

부록

해설로 보는
헌법

헌법 만들기

대한민국은 법치국가입니다. 헌법은 국가 통치의 기본 원리와 국민의 기본권을 보장하는 가장 으뜸인 법이며, 모든 법의 근본을 이룹니다. 우리나라는 헌법 정신에 따라 국가를 운영하며 헌법은 국민투표로 확정됩니다.

우리나라는 1948년 7월 17일에 최초의 헌법인 제헌 헌법을 발표했습니다. 그 후 아홉 번의 헌법개정을 거쳤습니다. 지금 헌법은 1987년 6·10민주항쟁을 통해 개정된 것으로 직전 헌법과 가장 다른 특징은 대통령을 직접 국민이 뽑는다는 대통령직선제를 담고 있다는 점입니다. 또 장기 집권의 폐해를 막기 위해 임기 5년의 대통령 단임제를 못 박았습니다.

세계 모든 국가에 헌법이 있습니다. 우리나라 헌법은 '대한민국의 주권은 국민에게 있고, 모든 권력은 국민으로부터 나온다'는 주권재민(主權在民)을 기본 정신으로 합니다. 이 정신을 기반으로 국민의 기본권을 보장하고 국가 최고 기관의 조직·구성·권한 및 국가기관 간의 상호 견제와 감시 기능을 다루고 있습니다.

구체적으로 살펴보면 다음과 같은 특징이 있습니다.

첫째, 헌법은 기본권 보장과 정치세력 간의 공존을 위한 정치적 타협으로 만들어지기 때문에 어느 법보다 국민 의사가 크게 반영됩니다.

둘째, 헌법은 여러 가지 세세한 내용을 구체적으로 모두 다룰 수 없기 때문에 관념적, 이념적, 추상적이라 할 수 있습니다. 헌법은 하위 법률을 제정하는 기준점이 됩니다.

셋째, 헌법은 고정불변이 아니라 시대정신을 반영하여 바뀝니다. 예전에는 노예와 여성에게 투표권을 주지 않는 것을 헌법에 담을 수 있었지만 그것은 지금의 시대정신과는 맞지 않습니다.

넷째, 헌법재판소는 법률, 규칙, 행정명령 등이 헌법 정신에 반하거나 위배되는지 판결하는 곳입니다. 법률의 위헌 여부를 심판해 줄 것을 요청하는 위헌 제청이 들어오면 심사를 거쳐 여부를 결정합니다. 위헌 판결이 나오면 해당 법률, 규칙, 행정명령 등은 효력을 상실하게 됩니다.

다섯째, 헌법으로 모든 국가기관이 정해지고 주요 기관의 역할이 정해집니다. 또한 헌법은 국가적으로, 사회적으로 허용하는 것과 허용하지 않는 것의 가이드라인을 제시합니다. 이 가이드라인에 따라 각종 법률이 세세하게 구성됩니다. 헌법에는 국민의 생활을 규제하고 처벌하고 강제할 수 있는 내용도 있습니다. 그리고 모든 국민에게 차별 없이 적용됩니다. 법 앞에서 만인은 평등하기 때문입니다.

헌법은 어떤 내용을 담고 있을까요? 우리나라 헌법은 총 130개 조항으로 구성돼 있습니다. 어느 조항 하나 중요하지 않은 게 없지만 헌법의 순서대로 중요하다고 보면 됩니다. 헌법은 전문, 제1장 총강, 제2장 국민의 권리와 의무, 제3장 국회, 제4장 정부(1절 대통령, 2절 행정부), 제5장 법원, 제6장 헌법재판소, 제7장 선거관리, 제8장 지방자치, 제9장 경제, 제10장 헌법개정의 순서로 되어 있습니다.

대한민국 헌법에 가장 중요한 정신은 국민의 권리와 의무 및 국민의 기본권을 보장하는 것입니다. 대한민국 헌법이 가장 존중하는 정신은 인권입니다. 헌법 130개 조항에 따라 대한민국의 모든 법률이 정해지고 그 법률의 하위 법률인 정부 시행령도 정해

집니다.

우리는 곧잘 헌법에 대해 말하면서도 정작 제대로 알지는 못합니다. 헌법은 우리의 삶과 생활에 큰 영향을 줍니다. 한 번쯤은 꼭 읽어 봐야 하는 것이 헌법입니다.

헌법 들여다보기

대한민국 헌법은 세계적으로 손꼽힐 정도로 우수합니다. 이 헌법 정신에 따라 국가가 운영된다는 건 대한민국이 선진 국가의 면모를 갖췄다는 뜻이기도 합니다.

때때로 정치인들이 이 헌법 정신에 위배되는 발언과 정치 행위를 하는 경우가 있습니다. 정치인은 누구보다 헌법을 존중해야 하는 사람들입니다.

이제 대한민국 헌법을 찬찬히 살펴보겠습니다. 먼저 헌법 전문입니다.

유구한 역사와 전통에 빛나는 우리 대한국민은 3·1운동으로 건립된 대한민국임시정부의 법통과 불의에 항거한 4·19민주이념을 계승하고, 조국의 민주개혁과 평화적 통일의 사명에 입각하여 정의·인도와 동포애로써 민족의 단결을 공고히 하고, 모든 사회적 폐습과 불의를 타파하며, 자율과 조화를 바탕으로 자유민주적 기본질서를 더욱 확고히 하여 정치·경제·사회·문화의 모든 영역에 있어서 각인의 기회를 균등히 하고, 능력을 최고도로 발휘하게 하며, 자유와 권리에 따르는 책임과 의무를 완수하게 하여, 안으로는 국민생활의 균등한 향상을 기하고 밖으로는 항구적인 세계평화와 인류공영에 이바지함으로써 우리들과 우리들의 자손의 안전과 자유와 행복을 영원히 확보할 것을 다짐하면서 1948년 7월 12일에 제정되고 8차에 걸쳐 개정된 헌법을 이제 국회의 의결을 거쳐 국민투표에 의하여 개정한다.

전문에서는 대한민국의 정체성을 규정하고 있습니다.

대한민국은 3·1운동으로 건립된 임시정부의 법통을 계승한다. 이는 1919년이 대한민국 원년이라는 뜻입니다. 대한민국이 건국된 시기에 대해 논란과 시비가 많지만 우리 헌법이 깔끔히 정리해 줍니다. 일각에서는 1948년 8월 15일을 대한민국 원년으로 하자고 주장합니다. 이것은 대한민국 정부 수립과 건국을 혼동하기 때문입니다. 대한민국 초대 대통령인 이승만 정부 시절 1948년 9월

1948년 9월 1일 발행한 대한민국 헌법 전문이 실린 관보 1호
(출처: 대한민국 국가기록원)

1일자 첫 번째 관보를 보면 '대한민국 30년 9월 1일'이라고 쓰여 있습니다.

왜 1948년 8월 15일이 건국일이 아닐까요? 헌법 정신에 맞지 않기 때문입니다. 그날을 건국일로 삼으면 1948년 8월 14일 이전 은 대한민국이 아니라고 부정하는 것이 됩니다. 그렇다면 일제강 점기에 독립운동한 사람들은 국가도 없이 독립운동과 애국을 했 다는 뜻이 돼 버리고 백범 김구나 안중근·윤봉길 의사도 무국적 으로 애국을 한 게 됩니다. 덩달아 친일파의 매국도 없어지게 됩니다. 한마디로 독립운동도 친일 활동도 나라와는 무관한 개인적인 일이 되는 것입니다. 국가 기록이 아니라 개인 기록에 그치는 것입니다. 친일의 역사를 지우기 위해 1948년 8월 15일을 건국절로 주장하는 게 아닌가 싶기도 합니다.

이명박·박근혜 대통령 시절에 국정교과서 편찬으로 논란이 많았습니다. 그동안 여러 출판사에서 검인정 제도에 따라 자유롭게 역사 교과서를 펴냈는데 이를 국정교과서 제도로 바꾸려고 했습니다. 당시 정부 측이 주장하던 핵심 내용이 1948년 8월 15일이 건국일이라는 것이었습니다. 하지만 곧바로 국민들의 거센 반대에 부딪쳤고 이후 현 정부가 들어선 뒤 대통령의 행정명령으로 국정교과서 제도는 폐기됐습니다. 그리하여 대한민국 헌법 전문의 첫 번째 정신이 지켜질 수 있었습니다.

1960년에 자행된 3·15부정선거를 규탄하는 4·19혁명으로 이승만 대통령이 하야하고 새로운 정부가 들어섰습니다. 헌법 전문에 두 번째로 4·19혁명을 다룸으로써 정당한 민주주의 운동이라고 못 박았습니다. 박정희 군부 세력은 5·16군사쿠데타로 4·19혁명을 무력화했습니다. 그렇기에 헌법 정신에 따라 5·16은 혁명이 아니라 정변(쿠데타)으로 명명된 것입니다. 누구나 5·16과 4·19에 대해 다른 의견을 가질 수 있고 주장할 수 있지만, 옳고 그름은 헌법 정신으로 판단하면 됩니다.

세 번째 헌법 정신은 조국 통일을 위하여 민족이 대단결해야 한다는 것입니다. 국민투표로 뽑힌 대통령의 취임 선서에도 조국 통일을 위해 일한다는 것이 명시되어 있습니다. 남북의 공존과 평화통일을 위해 대통령뿐 아니라 국민 모두가 사명감을 가져야 한다는 것입니다.

그동안 우리 사회는 북한과 평화롭게 지내자, 통일하자고 하면 종북 혹은 친북으로 몰아 가는 반공 이데올로기가 지배해 왔습니다. 지금도 그렇게 말하는 사람들이 있습니다. 북한은 무찌르고 쳐부숴야 할 대상으로만 생각하는 것은 헌법 정신에 위배된다고 할 수 있습니다.

헌법 전문은 모든 국민에게 균등하게 기회를 배분한다는 정신도 담고 있습니다. 세계평화와 인류 공영에 이바지하는 대한민국이라고도 전문에 나와 있습니다. 130개 조항을 압축 요약한 헌법 전문은 세계 어디에 내놓아도 손색이 없습니다.

대한민국 헌법개정의 흑역사

헌법은 나라의 으뜸 법규이기 때문에 여러 정치세력의 요구와 충돌하기도 합니다. 각 정당은 당리당략에 따라 헌법을 자신에게 유리하게 해석하기도 합니다.

대한민국은 1948년 7월 17일 헌법이 만들어진 이래 9차례 개정되었지만 민주적 절차와 국민의 뜻에 따르지 않고 일부 정치세력이 자기 입맛에 맞게 바꾼 치욕적인 경우가 대부분입니다. 헌법이 몇몇 힘 있는 자들에게 유리하게 개정된다면 그 나라는 민주국가가 아닙니다. 헌법만 있을 뿐이지 법치국가가 아닌 독재국가라 할 수 있습니다. 헌법은 내용 자체도 중요하지만 누구에 의해 어떤 절차로 개정되느냐에 따라 민주국가의 척도를 드러냅니다.

첫 번째 헌법개정은 6·25전쟁 중인 1951년 11월에 있었는데 이른바 '발췌개헌'이라고 합니다. 이승만 대통령이 더 집권을 하려고 대통령직선제안과 의원 내각책임제 개헌안을 발췌하여 헌법을 개정하였습니다. 그러나 부결된 개헌안의 일부를 발췌한 것이어서 일사부재의(一事不再議, 의회에서 한 번 부결된 안건은 같은 회기 중에는 다시 제출할 수 없다는 원칙)에 위배되는 '위헌적' 개정안이었습니다. 전쟁 중에 나라 걱정은 뒤로하고 정권 연장을 위해 꼼수를 부렸던 것입니다.

2차 개정이 이른바 '사사오입' 개헌입니다. 1954년 5월 20일 정부는 이승만의 영구 집권을 위한 개헌안을 제출합니다. 그해 11월 27일 민의원에서 표결에 부친 결과 3분의 2 미달로 부결되었습니다. 그런데 29일에 사사오입, 즉 반올림 원리를 적용해서 의결된 것으로 봐야 한다는 의견이 나옵니다. 당시 국회 재적의원이 203명이었고 찬성 135표, 반대 60표, 기권 7표였습니다. 당시에 개헌 가능한 의원 정족수는 재적의원의 3분의 2 이상이므로 135.333……명 이상, 즉 최소 136명이여야 했는데, '사사오입'을 적용해 반올림으로 통과 기준을 135.333명 이상이 아닌 135명 이상이면 개헌이 가능하다고 주장한 것입니다. 당시에나 지금이나 논리적으로도 절차적으로도 맞지 않지만 결국 가결되어 1954년

11월 29일 시행됐습니다.

　3차 개헌은 1960년 6월 15일에 시행되었습니다. 이승만은 1960년 3월 15일 대통령 선거에서 당선이 됐지만, 3·15부정선거로 치러진 대통령 선거는 국민의 저항에 부딪쳤고 이는 4·19혁명으로 이어졌습니다. 결국 국회는 의원내각제를 골자로 하는 개정헌법안을 통과시켰으며 이승만은 하야하고 미국으로 망명을 떠났습니다. 4차 개헌은 1960년 11월의 소급입법 개헌입니다. 법이 생기기 전에 행해진 범죄도 '소급'하여 처벌할 수 있도록 법을 개정하였습니다.

　5차 개헌은 1961년 5·16군사쿠데타 이후 진행됐습니다. 1인이 지휘하는 국가재건최고회의에 '삼권'을 복속시키는 반민주적인 헌법개정을 하고 말았습니다. 부분 개정이 아닌 전부 개정한 헌법으로 제3공화국 헌법이라고도 합니다. 사실상 박정희를 대통령으로 만들기 위한 개헌이었습니다.

　6차 개헌은 1969년의 3선 개헌이었습니다. 박정희 대통령이 재임을 3선까지 가능하도록 기존의 3선 금지 조항을 철폐하여 박정희 대통령의 장기 집권이 시작되었습니다.

　7차 개헌은 유신헌법으로 1972년 10월 17일 단행됐습니다. 국가긴급권을 발동해서 국회를 해산하고 일체의 정치 활동을 금지시켰고, 전국에 비상계엄령을 선포한 뒤에 헌법개정안을 공고했습니다. 그해 11월 21일 군경의 서슬 퍼런 분위기 속에서 진행된 국민투표로 확정됐습니다. 이 유신헌법으로 박정희의 영구 집권이 가능하게 됐습니다.

8차 개헌은 제5공화국이라고 불리는 전두환 정권을 만들기 위한 개헌이었습니다. 1979년의 10·26사태와 12·12사태를 통해 정권을 잡게 된 전두환 신군부가 국회를 해산하고 국가보위입법회의라는 기구를 만들어서 헌법을 만들고 국민투표로 확정하였습니다. 임기 7년 단임의 대통령을 간접선거로 뽑도록 개정하였습니다. 9차 개헌은 1987년 6월 항쟁의 결과물로 대통령의 영구집권을 막는 5년 단임제와 국민이 대통령을 직접 뽑는 대통령직선제로 바뀌었습니다.

아홉 차례에 걸친 헌법개정 중 국민이 원해서 국민의 손으로 헌법이 개정된 것은 1987년 9차 헌법개정뿐입니다. 이전까지의 개정은 이승만, 박정희, 전두환 등 1인 지배 통치를 강화하고 연장하기 위해 헌법이 유린된 흑역사였습니다.

지금의 헌법을 바꿔서 감사원을 분리 독립하고 대통령 임기를 4년 중임제로 하며 권력 구조를 바꾸자는 것이 지난 대선 때 각 당 후보의 공약이었습니다. 그럼에도 여러 정치적 이유로 헌법개정은 지지부진한 상태에 빠져 있습니다. 헌법은 요즘 시대에 맞게 개정해야 한다는 것이 국민의 뜻이라고 할 수 있습니다.

해설로 보는 헌법 내용

제1장 총강

제1조 ① 대한민국은 민주공화국이다.
② 대한민국의 주권은 국민에게 있고, 모든 권력은 국민으로부터 나온다.

제2조 ① 대한민국의 국민이 되는 요건은 법률로 정한다.
② 국가는 법률이 정하는 바에 의하여 재외국민을 보호할 의무를 진다.

제3조 대한민국의 영토는 한반도와 그 부속도서로 한다.

대한민국은 왕정 체제나 독재 체제가 아니며 조화롭게 나라를 형성하는 공화정(共和政)* 으로 운영됩니다. 이것은 헌법에서 무엇보다 중요한 정신입니다. 제1조 2항은 대한민국의 주인은 국민이지 특정한 개인이 아니라는 뜻

국민이 선출한 대표자 또는 대표 기관의 의사에 따라 주권이 행사되는 정치로, 주권이 한 사람이나 한 계급에 있지 않고 다수 또는 전체 국민에 있다.

입니다. 또한 주권재민 정신에 따라 국민에게 권력을 위임받지 않은 사람은 권력자로 행사할 수 없습니다. 대한민국이라는 국가가 존재하는 한 주인은 국민입니다. 국민에 의해 선출된 정부가 있고 정권이 있는 것입니다. 정권은 짧고 국민은 영원한 것입니다.

국민이 나라의 주인으로 나선 사례 중 하나가 2016~2017년 촛불 집회입니다. 그때 국민들은 박근혜 대통령 퇴진을 외치며 촛불 집회를 이어갔고 결국 정권교체를 이루어 냈습니다. 아주 특별한 상황이었습니다. 대한민국은 헌법과 법률이 정한 국민투표로 정권교체가 가능합니다. 국민의 주인 된 권리를 다한다는 뜻에서 투표에 참여하는 것은 국민의 기본적 권리이자 의무 사항이라고 할 수 있습니다. 그런데 대통령 선거를 보면 70퍼센트, 국회의원 총선거에는 60퍼센트 정도의 국민이 투표합니다. 투표를 하는 것도 하지 않는 것도 국민의 권리라고 주장하는 사람들도 있습니다. 그럼에도 투표에 참여해 나라의 주인 역할을 하는 게 국민의 도리를 다하는 것이라고 생각합니다.

영토는 국가를 구성하는 3요소 중 하나입니다. 헌법은 북한도 대한민국 영토라고 명시했습니다.

국제법상 북한도 엄연히 국제연합 가입 국가로 인정받고 있습니다. 다만 지금은 분단된 상태지만 통일이 되면 다시 합쳐지기 때문에 북한 땅도 우리 영토라는 뜻입니다. 상징적이고 선언적인 표현으로 통일을 지향한다는 뜻이지 북한에 반대하고 싸우자는 의미는 아닌 것으로 해석하면 되겠습니다.

제4조 대한민국은 통일을 지향하며, 자유민주적 기본질서에 입각한 평화적 통일 정책을 수립하고 이를 추진한다.

제5조 ① 대한민국은 국제평화의 유지에 노력하고 침략적 전쟁을 부인한다.
② 국군은 국가의 안전보장과 국토방위의 신성한 의무를 수행함을 사명으로 하며, 그 정치적 중립성은 준수된다.

이 조항은 권장 사항이기도 하지만 의무 사항이기도 합니다. 대한민국은 통일을 지향하고 대통령은 조국 통일을 위해 일해야 한다고 규정합니다.

제6조 ① 헌법에 의하여 체결·공포된 조약과 일반적으로 승인된 국제법규는 국내법과 같은 효력을 가진다.
② 외국인은 국제법과 조약이 정하는 바에 의하여 그 지위가 보장된다.

제7조 ① 공무원은 국민전체에 대한 봉사자이며, 국민에 대하여 책임을 진다.
② 공무원의 신분과 정치적 중립성은 법률이 정하는 바에 의하여 보장된다.

제8조 ① 정당의 설립은 자유이며, 복수정당제는 보장된다.
② 정당은 그 목적·조직과 활동이 민주적이어야 하며, 국민의 정치적 의사형성에 참여하는데 필요한 조직을 가져야 한다.
③ 정당은 법률이 정하는 바에 의하여 국가의 보호를 받으며, 국가는 법률이 정하는 바에 의하여 정당운영에 필요한 자금을 보조할 수 있다.
④ 정당의 목적이나 활동이 민주적 기본질서에 위배될 때에는 정부는 헌법재판소에 그 해산을 제소할 수 있고, 정당은 헌법재판소의 심판에 의하여 해산된다.

제9조 국가는 전통문화의 계승·발전과 민족문화의 창달에 노력하여야 한다.

제7조에서 공무원은 국민 전체에 대한 봉사자이며 국민에 대한 책임을 진다고 돼 있습니다. 제8조는 우리나라에서 정당 설립

은 자유이며 복수정당제를 보장한다고 되어 있습니다.

제9조는 전통문화 계승·발전과 민족문화 창달에 노력해야 한다고 밝힘으로써 우리의 역사와 전통을 귀중히 여기고 잘 지켜나가자고 강조합니다.

제2장 국민의 권리와 의무

제10조 모든 국민은 인간으로서의 존엄과 가치를 가지며, 행복을 추구할 권리를 가진다. 국가는 개인이 가지는 불가침의 기본적 인권을 확인하고 이를 보장할 의무를 진다.

제11조 ① 모든 국민은 법 앞에 평등하다. 누구든지 성별·종교 또는 사회적 신분에 의하여 정치적·경제적·사회적·문화적 생활의 모든 영역에 있어서 차별을 받지 아니한다.
② 사회적 특수계급의 제도는 인정되지 아니하며, 어떠한 형태로도 이를 창설할 수 없다.
③ 훈장등의 영전은 이를 받은 자에게만 효력이 있고, 어떠한 특권도 이에 따르지 아니한다.

대한민국 헌법은 인권옹호와 민주주의 정신을 한 자 한 자 글자로 표현한 것으로 성문헌법(成文憲法)이라고 합니다. 문자로 구성되어 있다는 뜻입니다. 헌법 제2장은 제1장 총강의 제2조 1항 '대한민국의 국민이 되는 요건은 법률로 정한다'와 연결되는 중요한 사항으로 국민의 권리와 의무에 대해 밝히고 있습니다. 비중도 제일 높을뿐더러 중요하기 때문에 헌법에 규정하고 있습니다.

제10조는 대단히 중요합니다. 아무리 국가라 해도 개인의 기본적인 권리를 침해하지 못한다고 규정합니다. 국가가 국민에 대한 예의를 갖춘다고 생각하면 되겠습니다.

제11조 1항은 우리 일상생활에서 굉장히 중요한 영향력을 미칩니다. 선천적인 것은 선택할 수 없습니다. 부모님에게 남자나 여자, 백인이나 흑인으로 태어나게 해 달라고 할 수 없습니다. 자기결정권이 없기 때문에 나의 의지와 무관하게 태어납니다. 그리고 대한민국에는 종교의 자유가 있어서 기독교나 불교를 믿을 수도 있고 무교일 수도 있습니다. 차이가 난다고 해서 불평등이나 불이익을 당하지 않는 게 차별받지 않는 것입니다. 차이에는 좋고 나쁨이 없습니다. 차별은 잘못된 행위입니다. 키가 크거나 작다고 해서 괴롭힘을 당하거나 여자로 태어나서 남자에게 괴롭힘을 당하는 것은 헌법 정신에 위배되는 것입니다. 외모나 성별 혹은 종교가 다르다고 해서 누구도 차별하거나 차별받으면 안 되는 것입니다.

조선시대는 양반·중인·상민·천민 네 단계 신분으로 나뉘어 있었습니다. 인도도 카스트제도라는 차별적인 신분제가 있습니다.

제11조 2항에서는 대한민국은 신분제도를 인정하지 않는다고 밝히고 있습니다. 지금 생각하면 너무나 당연하지만 조선시대만 하더라도 과거시험은 양반만 볼 수 있었습니다. 지금의 사법시험, 행정고시, 외무고시를 과거제도라 할 수 있는데 그 시절에는 양반만 응시할 수 있었습니다. 아무리 똑똑하다고 해도 양반이 아니면 공무원이 될 수 없었습니다. 대한민국은 민주주의 국가이며, 조상의 신분에 따라 신분이 세습되지 않습니다. 이것은 매우 중요한 기본권 보장입니다.

제12조 ① 모든 국민은 신체의 자유를 가진다. 누구든지 법률에 의하지 아니하고는 체포·구속·압수·수색 또는 심문을 받지 아니하며, 법률과 적법한 절차에 의하지 아니하고는 처벌·보안처분 또는 강제노역을 받지 아니한다.
② 모든 국민은 고문을 받지 아니하며, 형사상 자기에게 불리한 진술을 강요당하지 아니한다.
③ 체포·구속·압수 또는 수색을 할 때에는 적법한 절차에 따라 검사의 신청에 의하여 법관이 발부한 영장을 제시하여야 한다. 다만, 현행범인인 경우와 장기 3년 이상의 형에 해당하는 죄를 범하고 도피 또는 증거인멸의 염려가 있을 때에는 사후에 영장을 청구할 수 있다.
④ 누구든지 체포 또는 구속을 당한 때에는 즉시 변호인의 조력을 받을 권리를 가진다. 다만, 형사피고인이 스스로 변호인을 구할 수

없을 때에는 법률이 정하는 바에 의하여 국가가 변호인을 붙인다.

⑤ 누구든지 체포 또는 구속의 이유와 변호인의 조력을 받을 권리가 있음을 고지받지 아니하고는 체포 또는 구속을 당하지 아니한다. 체포 또는 구속을 당한 자의 가족등 법률이 정하는 자에게는 그 이유와 일시·장소가 지체없이 통지되어야 한다.

⑥ 누구든지 체포 또는 구속을 당한 때에는 적부의 심사를 법원에 청구할 권리를 가진다.

⑦ 피고인의 자백이 고문·폭행·협박·구속의 부당한 장기화 또는 기망 기타의 방법에 의하여 자의로 진술된 것이 아니라고 인정될 때 또는 정식재판에 있어서 피고인의 자백이 그에게 불리한 유일한 증거일 때에는 이를 유죄의 증거로 삼거나 이를 이유로 처벌할 수 없다.

제13조 ① 모든 국민은 행위시의 법률에 의하여 범죄를 구성하지 아니하는 행위로 소추되지 아니하며, 동일한 범죄에 대하여 거듭 처벌받지 아니한다.

② 모든 국민은 소급입법에 의하여 참정권의 제한을 받거나 재산권을 박탈당하지 아니한다.

③ 모든 국민은 자기의 행위가 아닌 친족의 행위로 인하여 불이익한 처우를 받지 아니한다.

제12조 1항에 따르면 국민은 누구나 법률에 의하지 않고서는 체포되거나 구속되지 않는다고 밝히고 있습니다. 우리가 보통 재판을 받을 때는 판사 개인의 판단이 아니라 관련법에 의해서만 판

결이 이루어집니다. 아무리 국가라 해도 법률에 의하지 않고는 국민을 처벌할 수 없습니다.

극단적인 예로 한 국민이 큰 잘못을 저질렀어도 관련된 법률 조항이 없다면 처벌받지 않는다는 것입니다. 인터넷이 등장한 초창기에는 관련 법률이 없었습니다. 인터넷에서 욕설이나 명예훼손, 음란물을 배포하는 등의 잘못을 저질러도 처벌할 수가 없었습니다.

'법률이 없으면 범죄도 없고, 법률이 없이는 형벌도 없다'는 말은 범죄와 형벌을 미리 법률로써 규정하는 '죄형법정주의'의 원칙입니다. 권력자가 범죄와 형법을 마음대로 정하지 못하게 하려는 것입니다. 법률 위반에 따른 처벌의 과정을 법률로써 정한 것이 형사소송법, 줄여서 형법이라 합니다. 잘못과 처벌에 관한 모든 것을 정하고 있습니다.

제3항에 따라 체포·구속·압수 또는 수색을 할 때에는 적법한 절차에 따라 검사의 신청에 의하여 법관이 발부한 영장을 제시해야 합니다. 헌법은 검찰에게만 영장을 청구할 권리를 부여합니다. 민주주의의 기본 원리는 권력을 나누는 분점과 분권인데 이 조항으로 검찰은 무소불위의 권력을 갖게 되었습니다. 왜 이런 일이 벌어졌을까요?

일제강점기 시절까지 거슬러 올라가야 합니다. 그때는 모든 사법 권력을 경찰이 다 가졌다고 표현해도 무방하다 할 정도였습니다. 검사, 판사보다 경찰이 실질적으로 훨씬 더 막강했습니다. 이를 제어하려고 해방 후 제헌의회 국회의원들이 경찰의 힘을 줄여, 검찰에게 몰아줬던 것입니다. 그 결과 경찰은 영장 발부를 할 수 없게 되면서 권력이 약해졌지만 대신 검찰이 그 권력을 고스란히 가져가게 됐습니다.

검찰은 영장청구권에다 기소독점권과 경찰수사지휘권 그리고 수사개시권과 수사종결권을 갖고 있습니다. 현재 2000여 명의 검사가 10만 명의 경찰을 지휘하고 있습니다. 경찰은 검사의 명령을 받아야 수사를 시작·중단·종결 할 수 있습니다. 따라서 검사 비리가 발견됐을 때 검사가 수사 중단을 명령하면 경찰은 중단할 수밖에 없습니다. 한마디로 검찰이 마음만 먹으면 뭐든 할 수 있는 셈입니다. 대통령보다도 더 막강한 힘을 가졌다고 할 수 있습니다.

그렇기에 검찰의 권력을 줄이고 나누는 검경 수사권 분리 및 공수처(고위공직자비리수사처) 설치를 현 정권에서 실현하려는 것입니다. 검찰과 경찰이 동등한 수사권을 갖고 검찰은 경찰을, 경찰은 검찰을 수사하고 서로 견제하자는 것이 검경 수사권 분리의 핵심이자 사법개혁의 핵심입니다. 공수처의 목적은 대통령, 장관, 국회의원, 판사, 검사 등 높은 직위에 있는 공무원의 범죄에 대해 별도의 기구를 만들어 수사하자는 것입니다. 해외의 경우 미국, 호주, 싱가포르 등 여러 나라에 이름과 세부 기능에 차이는 있지만 공수처와 유사한 기관들이 있습니다.

제14조 모든 국민은 거주·이전의 자유를 가진다.

제15조 모든 국민은 직업선택의 자유를 가진다.

제16조 모든 국민은 주거의 자유를 침해받지 아니한다. 주거에 대한 압수나 수색을 할 때에는 검사의 신청에 의하여 법관이 발부한 영장을 제시하여야 한다.

제17조 모든 국민은 사생활의 비밀과 자유를 침해받지 아니한다.

제18조 모든 국민은 통신의 비밀을 침해받지 아니한다.

제19조 모든 국민은 양심의 자유를 가진다.

제20조 ① 모든 국민은 종교의 자유를 가진다.
② 국교는 인정되지 아니하며, 종교와 정치는 분리된다.

제21조 ① 모든 국민은 언론·출판의 자유와 집회·결사의 자유를 가진다.
② 언론·출판에 대한 허가나 검열과 집회·결사에 대한 허가는 인정되지 아니한다.
③ 통신·방송의 시설기준과 신문의 기능을 보장하기 위하여 필요한

사항은 법률로 정한다.

④언론·출판은 타인의 명예나 권리 또는 공중도덕이나 사회윤리를 침해하여서는 아니된다. 언론·출판이 타인의 명예나 권리를 침해한 때에는 피해자는 이에 대한 피해의 배상을 청구할 수 있다.

제14조부터 제21조까지는 국민의 기본권을 보장하는 중요한 조항입니다. 주거의 자유, 사생활의 비밀과 자유를 침해받지 않는 것과 통신 비밀을 침해받지 않는 것, 양심의 자유와 종교의 자유를 갖는 것, 언론·출판과 집회·결사의 자유를 갖는 것 등으로 인권과 민주주의의 핵심 가치들입니다.

특히 제17조, 제18조에 모든 국민은 사생활의 비밀과 자유 및 통신의 비밀을 침해받지 않는다고 돼 있습니다. 국가 정보기관이 국민의 전화를 도청한다면 제18조에 위배되는 것입니다. 누구든 남이 통화하는 내용을 몰래 들을 수 없습니다. 문자메시지도 마찬가지입니다. 단, 판사가 범죄 혐의가 있는 사람에 한해 통화 내역을 조회할 수 있다고 판단하면 이는 예외가 됩니다. 이 조항만으로도 대한민국 헌법의 수준과 깊이를 충분히 느낄 수 있습니다.

제21조는 한 나라의 민주주의 척도를 확인할 수 있는 중요한 기준이 되는 조항입니다. 정부와 대통령이 잘못할 경우 국민이

항의하고 반대할 수 있는 권리를 알려 주고 있습니다. 만일 사람들이 광장에 모여 정부에 대한 규탄 집회를 열고 데모할 권리가 보장돼 있지 않다면 민주국가라고 말할 수 없습니다.

누구든 자유롭게 책을 출판할 수 있는 권리를 보장하는데 예전에는 이러저러한 이유를 붙여 특정한 책들을 금서(禁書)로 규제하기도 했습니다. 정부를 반대하거나 독재를 반대하는 책은 읽기는커녕 만들지도 못하게 했고 그런 책을 가지고 있는 것만으로도 처벌했습니다.

1970~1980년대 반독재 민주화운동 과정에서 그런 일이 꽤 많이 있었습니다. 자유롭게 노래를 만들 수도, 부를 수도 없었습니다. 당시 여러 가수들이 단지 불온하고 저항적인 노래를 불렀다는 이유로 고초를 겪어야 했습니다. 그 노래들은 금지곡으로 지정돼 방송과 거리에서 들을 수 없었던 시절도 있었습니다.

제22조 ① 모든 국민은 학문과 예술의 자유를 가진다.
② 저작자·발명가·과학기술자와 예술가의 권리는 법률로써 보호한다.

제23조 ① 모든 국민의 재산권은 보장된다. 그 내용과 한계는 법률로 정한다.
② 재산권의 행사는 공공복리에 적합하도록 하여야 한다.

③공공필요에 의한 재산권의 수용·사용 또는 제한 및 그에 대한 보상은 법률로써 하되, 정당한 보상을 지급하여야 한다.

제24조 모든 국민은 법률이 정하는 바에 의하여 선거권을 가진다.

제25조 모든 국민은 법률이 정하는 바에 의하여 공무담임권을 가진다.

제26조 ① 모든 국민은 법률이 정하는 바에 의하여 국가기관에 문서로 청원할 권리를 가진다.
② 국가는 청원에 대하여 심사할 의무를 진다.

제27조 ① 모든 국민은 헌법과 법률이 정한 법관에 의하여 법률에 의한 재판을 받을 권리를 가진다.
② 군인 또는 군무원이 아닌 국민은 대한민국의 영역안에서는 중대한 군사상 기밀·초병·초소·유독음식물공급·포로·군용물에 관한 죄중 법률이 정한 경우와 비상계엄이 선포된 경우를 제외하고는 군사법원의 재판을 받지 아니한다.
③ 모든 국민은 신속한 재판을 받을 권리를 가진다. 형사피고인은 상당한 이유가 없는 한 지체없이 공개재판을 받을 권리를 가진다.
④ 형사피고인은 유죄의 판결이 확정될 때까지는 무죄로 추정된다.
⑤ 형사피해자는 법률이 정하는 바에 의하여 당해 사건의 재판절차에서 진술할 수 있다.

제28조 형사피의자 또는 형사피고인으로서 구금되었던 자가 법률

이 정하는 불기소처분을 받거나 무죄판결을 받은 때에는 법률이 정하는 바에 의하여 국가에 정당한 보상을 청구할 수 있다.

제29조 ① 공무원의 직무상 불법행위로 손해를 받은 국민은 법률이 정하는 바에 의하여 국가 또는 공공단체에 정당한 배상을 청구할 수 있다. 이 경우 공무원 자신의 책임은 면제되지 아니한다.
② 군인·군무원·경찰공무원 기타 법률이 정하는 자가 전투·훈련등 직무집행과 관련하여 받은 손해에 대하여는 법률이 정하는 보상외에 국가 또는 공공단체에 공무원의 직무상 불법행위로 인한 배상은 청구할 수 없다.

제30조 타인의 범죄행위로 인하여 생명·신체에 대한 피해를 받은 국민은 법률이 정하는 바에 의하여 국가로부터 구조를 받을 수 있다.

제31조 ① 모든 국민은 능력에 따라 균등하게 교육을 받을 권리를 가진다.
② 모든 국민은 그 보호하는 자녀에게 적어도 초등교육과 법률이 정하는 교육을 받게 할 의무를 진다.
③ 의무교육은 무상으로 한다.
④ 교육의 자주성·전문성·정치적 중립성 및 대학의 자율성은 법률이 정하는 바에 의하여 보장된다.
⑤ 국가는 평생교육을 진흥하여야 한다.
⑥ 학교교육 및 평생교육을 포함한 교육제도와 그 운영, 교육재정 및 교원의 지위에 관한 기본적인 사항은 법률로 정한다.

제32조 ① 모든 국민은 근로의 권리를 가진다. 국가는 사회적·경제적 방법으로 근로자의 고용의 증진과 적정임금의 보장에 노력하여야 하며, 법률이 정하는 바에 의하여 최저임금제를 시행하여야 한다.

② 모든 국민은 근로의 의무를 진다. 국가는 근로의 의무의 내용과 조건을 민주주의원칙에 따라 법률로 정한다.

③ 근로조건의 기준은 인간의 존엄성을 보장하도록 법률로 정한다.

④ 여자의 근로는 특별한 보호를 받으며, 고용·임금 및 근로조건에 있어서 부당한 차별을 받지 아니한다.

⑤ 연소자의 근로는 특별한 보호를 받는다.

⑥ 국가유공자·상이군경 및 전몰군경의 유가족은 법률이 정하는 바에 의하여 우선적으로 근로의 기회를 부여받는다.

제33조 ① 근로자는 근로조건의 향상을 위하여 자주적인 단결권·단체교섭권 및 단체행동권을 가진다.

② 공무원인 근로자는 법률이 정하는 자에 한하여 단결권·단체교섭권 및 단체행동권을 가진다.

③ 법률이 정하는 주요방위산업체에 종사하는 근로자의 단체행동권은 법률이 정하는 바에 의하여 이를 제한하거나 인정하지 아니할 수 있다.

제34조 ① 모든 국민은 인간다운 생활을 할 권리를 가진다.

② 국가는 사회보장·사회복지의 증진에 노력할 의무를 진다.

③ 국가는 여자의 복지와 권익의 향상을 위하여 노력하여야 한다.

④ 국가는 노인과 청소년의 복지향상을 위한 정책을 실시할 의무를 진다.

⑤신체장애자 및 질병·노령 기타의 사유로 생활능력이 없는 국민은 법률이 정하는 바에 의하여 국가의 보호를 받는다.
⑥국가는 재해를 예방하고 그 위험으로부터 국민을 보호하기 위하여 노력하여야 한다.

제35조 ①모든 국민은 건강하고 쾌적한 환경에서 생활할 권리를 가지며, 국가와 국민은 환경보전을 위하여 노력하여야 한다.
②환경권의 내용과 행사에 관하여는 법률로 정한다.
③국가는 주택개발정책등을 통하여 모든 국민이 쾌적한 주거생활을 할 수 있도록 노력하여야 한다.

제36조 ①혼인과 가족생활은 개인의 존엄과 양성의 평등을 기초로 성립되고 유지되어야 하며, 국가는 이를 보장한다.
②국가는 모성의 보호를 위하여 노력하여야 한다.
③모든 국민은 보건에 관하여 국가의 보호를 받는다.

제37조 ①국민의 자유와 권리는 헌법에 열거되지 아니한 이유로 경시되지 아니한다.
②국민의 모든 자유와 권리는 국가안전보장·질서유지 또는 공공복리를 위하여 필요한 경우에 한하여 법률로써 제한할 수 있으며, 제한하는 경우에도 자유와 권리의 본질적인 내용을 침해할 수 없다.

제38조 모든 국민은 법률이 정하는 바에 의하여 납세의 의무를 진다.

제39조 ①모든 국민은 법률이 정하는 바에 의하여 국방의 의무를

진다.
② 누구든지 병역의무의 이행으로 인하여 불이익한 처우를 받지 아니한다.

국민으로서 당연히 누려야 할 권리도 있지만 의무도 있습니다. 국방의 의무, 근로의 의무, 납세의 의무 등을 규정하고 있습니다. 군대에 가야 하고, 세금을 내야 하며 노동을 해야 한다는 것입니다. 다들 군대에 가지 않겠다고 하면 나라를 지킬 군인은 없어질 것이고, 돈만 벌고 세금은 내지 않겠다면 국가 예산을 세울 수 없게 될 것입니다. 그래서 의무 사항으로 규정하고 있습니다.

제3장 국회

제40조 입법권은 국회에 속한다.

제41조 ① 국회는 국민의 보통·평등·직접·비밀 선거에 의하여 선출된 국회의원으로 구성한다.
② 국회의원의 수는 법률로 정하되, 200인 이상으로 한다.
③ 국회의원의 선거구와 비례대표제 기타 선거에 관한 사항은 법률로 정한다.

국가기관은 권한의 위임 방식에 따라 헌법기관과 법률기관으로 나뉩니다. 헌법기관은 말 그대로 헌법에 따라 설치된 기관으로 임의로 폐지할 수 없습니다. 현재 헌법기관은 국회(국회의원), 정부(대통령, 국무총리, 국무회의, 행정부), 법원(대법원과 각급법원), 감사원, 헌법재판소, 중앙선거관리위원회 등이 있습니다.

제3장은 국회에 관한 내용입니다. 첫 조항은 무엇을 의미할까요?

법을 만들 권한은 사법부나 행정부에도 없고 오로지 입법부에만 있다는 것입니다. 입법부에 속한 300명의 국회의원만이 법을 만들고 고치고 없앨 수 있다는 뜻입니다. 이것은 삼권분립에 따른 것입니다.

제41조 2항의 200인 이상으로 규정한 '국회의원 수'와 관련해서는 항상 논쟁이 오갑니다. 대한민국은 국회의원 1명당 17만 명의 유권자를 대표합니다. 미국과 일본에 비하면 많고 영국에 비하면 적습니다. 국제적인 추세는 유권자 10만 명당 국회의원 1명입니다.

제42조 국회의원의 임기는 4년으로 한다.

제43조 국회의원은 법률이 정하는 직을 겸할 수 없다.

제44조 ① 국회의원은 현행범인인 경우를 제외하고는 회기중 국회

의 동의없이 체포 또는 구금되지 아니한다.

② 국회의원이 회기전에 체포 또는 구금된 때에는 현행범인이 아닌 한 국회의 요구가 있으면 회기중 석방된다.

제45조 국회의원은 국회에서 직무상 행한 발언과 표결에 관하여 국회외에서 책임을 지지 아니한다.

제46조 ① 국회의원은 청렴의 의무가 있다.

② 국회의원은 국가이익을 우선하여 양심에 따라 직무를 행한다.

③ 국회의원은 그 지위를 남용하여 국가·공공단체 또는 기업체와의 계약이나 그 처분에 의하여 재산상의 권리·이익 또는 직위를 취득하거나 타인을 위하여 그 취득을 알선할 수 없다.

제47조 ① 국회의 정기회는 법률이 정하는 바에 의하여 매년 1회 집회되며, 국회의 임시회는 대통령 또는 국회재적의원 4분의 1 이상의 요구에 의하여 집회된다.

② 정기회의 회기는 100일을, 임시회의 회기는 30일을 초과할 수 없다.

③ 대통령이 임시회의 집회를 요구할 때에는 기간과 집회요구의 이유를 명시하여야 한다.

제48조 국회는 의장 1인과 부의장 2인을 선출한다.

제49조 국회는 헌법 또는 법률에 특별한 규정이 없는 한 재적의원 과반수의 출석과 출석의원 과반수의 찬성으로 의결한다. 가부동수인 때에는 부결된 것으로 본다.

제50조 ① 국회의 회의는 공개한다. 다만, 출석의원 과반수의 찬성이 있거나 의장이 국가의 안전보장을 위하여 필요하다고 인정할 때에는 공개하지 아니할 수 있다.

② 공개하지 아니한 회의내용의 공표에 관하여는 법률이 정하는 바에 의한다.

제51조 국회에 제출된 법률안 기타의 의안은 회기중에 의결되지 못한 이유로 폐기되지 아니한다. 다만, 국회의원의 임기가 만료된 때에는 그러하지 아니하다.

제52조 국회의원과 정부는 법률안을 제출할 수 있다.

제53조 ① 국회에서 의결된 법률안은 정부에 이송되어 15일 이내에 대통령이 공포한다.

② 법률안에 이의가 있을 때에는 대통령은 제1항의 기간내에 이의서를 붙여 국회로 환부하고, 그 재의를 요구할 수 있다. 국회의 폐회중에도 또한 같다.

③ 대통령은 법률안의 일부에 대하여 또는 법률안을 수정하여 재의를 요구할 수 없다.

④ 재의의 요구가 있을 때에는 국회는 재의에 붙이고, 재적의원과반수의 출석과 출석의원 3분의 2 이상의 찬성으로 전과 같은 의결을 하면 그 법률안은 법률로서 확정된다.

⑤ 대통령이 제1항의 기간내에 공포나 재의의 요구를 하지 아니한 때에도 그 법률안은 법률로서 확정된다.

⑥대통령은 제4항과 제5항의 규정에 의하여 확정된 법률을 지체없이 공포하여야 한다. 제5항에 의하여 법률이 확정된 후 또는 제4항에 의한 확정법률이 정부에 이송된 후 5일 이내에 대통령이 공포하지 아니할 때에는 국회의장이 이를 공포한다.

⑦법률은 특별한 규정이 없는 한 공포한 날로부터 20일을 경과함으로써 효력을 발생한다.

제54조 ① 국회는 국가의 예산안을 심의·확정한다.

②정부는 회계연도마다 예산안을 편성하여 회계연도 개시 90일전까지 국회에 제출하고, 국회는 회계연도 개시 30일전까지 이를 의결하여야 한다.

③새로운 회계연도가 개시될 때까지 예산안이 의결되지 못한 때에는 정부는 국회에서 예산안이 의결될 때까지 다음의 목적을 위한 경비는 전년도 예산에 준하여 집행할 수 있다.

1. 헌법이나 법률에 의하여 설치된 기관 또는 시설의 유지·운영

2. 법률상 지출의무의 이행

3. 이미 예산으로 승인된 사업의 계속

제55조 ① 한 회계연도를 넘어 계속하여 지출할 필요가 있을 때에는 정부는 연한을 정하여 계속비로서 국회의 의결을 얻어야 한다.

②예비비는 총액으로 국회의 의결을 얻어야 한다. 예비비의 지출은 차기국회의 승인을 얻어야 한다.

제56조 정부는 예산에 변경을 가할 필요가 있을 때에는 추가경정예산안을 편성하여 국회에 제출할 수 있다.

제57조 국회는 정부의 동의없이 정부가 제출한 지출예산 각항의 금액을 증가하거나 새 비목을 설치할 수 없다.

제58조 국채를 모집하거나 예산외에 국가의 부담이 될 계약을 체결하려 할 때에는 정부는 미리 국회의 의결을 얻어야 한다.

제59조 조세의 종목과 세율은 법률로 정한다.

제60조 ① 국회는 상호원조 또는 안전보장에 관한 조약, 중요한 국제조직에 관한 조약, 우호통상항해조약, 주권의 제약에 관한 조약, 강화조약, 국가나 국민에게 중대한 재정적 부담을 지우는 조약 또는 입법사항에 관한 조약의 체결·비준에 대한 동의권을 가진다.
② 국회는 선전포고, 국군의 외국에의 파견 또는 외국군대의 대한민국 영역안에서의 주류에 대한 동의권을 가진다.

제61조 ① 국회는 국정을 감사하거나 특정한 국정사안에 대하여 조사할 수 있으며, 이에 필요한 서류의 제출 또는 증인의 출석과 증언이나 의견의 진술을 요구할 수 있다.
② 국정감사 및 조사에 관한 절차 기타 필요한 사항은 법률로 정한다.

제62조 ① 국무총리·국무위원 또는 정부위원은 국회나 그 위원회에 출석하여 국정처리상황을 보고하거나 의견을 진술하고 질문에 응답할 수 있다.
② 국회나 그 위원회의 요구가 있을 때에는 국무총리·국무위원 또는 정부위원은 출석·답변하여야 하며, 국무총리 또는 국무위원이 출석요구를 받은 때에는 국무위원 또는 정부위원으로 하여금 출석·답변하게 할 수 있다.

제63조 ① 국회는 국무총리 또는 국무위원의 해임을 대통령에게 건의할 수 있다.

② 제1항의 해임건의는 국회재적의원 3분의 1 이상의 발의에 의하여 국회재적의원 과반수의 찬성이 있어야 한다.

제64조 ① 국회는 법률에 저촉되지 아니하는 범위안에서 의사와 내부규율에 관한 규칙을 제정할 수 있다.

② 국회는 의원의 자격을 심사하며, 의원을 징계할 수 있다.

③ 의원을 제명하려면 국회재적의원 3분의 2 이상의 찬성이 있어야 한다.

④ 제2항과 제3항의 처분에 대하여는 법원에 제소할 수 없다.

제65조 ① 대통령·국무총리·국무위원·행정각부의 장·헌법재판소 재판관·법관·중앙선거관리위원회 위원·감사원장·감사위원 기타 법률이 정한 공무원이 그 직무집행에 있어서 헌법이나 법률을 위배한 때에는 국회는 탄핵의 소추를 의결할 수 있다.

② 제1항의 탄핵소추는 국회재적의원 3분의 1 이상의 발의가 있어야 하며, 그 의결은 국회재적의원 과반수의 찬성이 있어야 한다. 다만, 대통령에 대한 탄핵소추는 국회재적의원 과반수의 발의와 국회재적의원 3분의 2 이상의 찬성이 있어야 한다.

③ 탄핵소추의 의결을 받은 자는 탄핵심판이 있을 때까지 그 권한 행사가 정지된다.

④ 탄핵결정은 공직으로부터 파면함에 그친다. 그러나, 이에 의하여 민사상이나 형사상의 책임이 면제되지는 아니한다.

입법부 기능을 강화해 행정부 권력을 감시하는 것이 민주주의의 기본이고 그래야 제도로서 민주주의가 정착될 수 있습니다. 전체주의나 독재국가는 행정부 권력이 비대하고 그것을 감시할 수 있는 입법부 기능은 미약하고 무력하기 마련입니다. 우리나라도 독재정권 시절에는 국회가 거의 기능을 하지 못했습니다. 심지어 박정희 정권이 개정한 유신헌법은 대통령이 국회의원 3분의 1을 임명할 수 있게 해 놓았습니다. 국회가 대통령을 보좌하는 기구나 다름없게 만들어 버린 것입니다.

제4장 정부
제1절 대통령

제66조 ① 대통령은 국가의 원수이며, 외국에 대하여 국가를 대표한다.
② 대통령은 국가의 독립·영토의 보전·국가의 계속성과 헌법을 수호할 책무를 진다.
③ 대통령은 조국의 평화적 통일을 위한 성실한 의무를 진다.
④ 행정권은 대통령을 수반으로 하는 정부에 속한다.

제4장은 정부, 즉 나라를 꾸려 나가는 대통령과 행정부에 대한 조항입니다.

대통령은 국가의 원수(元首)이며, 국내외로 한 국가를 대표합니다. 국가의 상징이란 뜻입니다. 대통령은 국가의 독립·영토의 보전·국가의 계속성과 헌법을 수호할 의무를 집니다. 제66조 3항, 대통령은 조국의 평화적 통일을 위한 성실한 '의무'를 진다고 못박았습니다. 대통령에게 통일은 당면 과제인 것입니다.

제67조 ① 대통령은 국민의 보통·평등·직접·비밀선거에 의하여 선출한다.

② 제1항의 선거에 있어서 최고득표자가 2인 이상인 때에는 국회의 재적의원 과반수가 출석한 공개회의에서 다수표를 얻은 자를 당선자로 한다.

③ 대통령후보자가 1인일 때에는 그 득표수가 선거권자 총수의 3분의 1 이상이 아니면 대통령으로 당선될 수 없다.

④ 대통령으로 선거될 수 있는 자는 국회의원의 피선거권이 있고 선거일 현재 40세에 달하여야 한다.

⑤ 대통령의 선거에 관한 사항은 법률로 정한다.

제68조 ① 대통령의 임기가 만료되는 때에는 임기만료 70일 내지 40일전에 후임자를 선거한다.

② 대통령이 궐위된 때 또는 대통령 당선자가 사망하거나 판결 기타의 사유로 그 자격을 상실한 때에는 60일 이내에 후임자를 선거한다.

제69조 대통령은 취임에 즈음하여 다음의 선서를 한다.

"나는 헌법을 준수하고 국가를 보위하며 조국의 평화적 통일과 국민의 자유와 복리의 증진 및 민족문화의 창달에 노력하여 대통령으로서의 직책을 성실히 수행할 것을 국민 앞에 엄숙히 선서합니다."

제70조 대통령의 임기는 5년으로 하며, 중임할 수 없다.

제71조 대통령이 궐위되거나 사고로 인하여 직무를 수행할 수 없을 때에는 국무총리, 법률이 정한 국무위원의 순서로 그 권한을 대행한다.

제67조, 대통령도 국회의원처럼 보통·평등·직접·비밀 선거에 의해 선출되며 제70조, 임기는 5년이며 중임할 수 없다고 돼 있습니다. 장기 집권과 독재를 허용하지 않겠다는 의지를 담고 있습니다. 제69조, 대통령 취임 선서 내용을 못 박아 두었습니다. 권력을 위임받은 대통령은 주인인 국민 앞에서 오로지 '이 조문'대로 선서해야 합니다. 대통령이 되는 순간 '일개 개인'이 아니라 권력을 국민으로부터 위임받은 '국가기관'이 된다는 것입니다. 대통령이 얼마나 무거운 짐을 지는 자리인지 새삼 느낄 수 있는 조항입니다.

제72조 대통령은 필요하다고 인정할 때에는 외교·국방·통일 기타 국가안위에 관한 중요정책을 국민투표에 붙일 수 있다.

제73조 대통령은 조약을 체결·비준하고, 외교사절을 신임·접수 또는 파견하며, 선전포고와 강화를 한다.

제74조 ① 대통령은 헌법과 법률이 정하는 바에 의하여 국군을 통수한다.
② 국군의 조직과 편성은 법률로 정한다.

제75조 대통령은 법률에서 구체적으로 범위를 정하여 위임받은 사항과 법률을 집행하기 위하여 필요한 사항에 관하여 대통령령을 발할 수 있다.

제76조 ① 대통령은 내우·외환·천재·지변 또는 중대한 재정·경제상의 위기에 있어서 국가의 안전보장 또는 공공의 안녕질서를 유지하기 위하여 긴급한 조치가 필요하고 국회의 집회를 기다릴 여유가 없을 때에 한하여 최소한으로 필요한 재정·경제상의 처분을 하거나 이에 관하여 법률의 효력을 가지는 명령을 발할 수 있다.
② 대통령은 국가의 안위에 관계되는 중대한 교전상태에 있어서 국가를 보위하기 위하여 긴급한 조치가 필요하고 국회의 집회가 불가능한 때에 한하여 법률의 효력을 가지는 명령을 발할 수 있다.
③ 대통령은 제1항과 제2항의 처분 또는 명령을 한 때에는 지체없이 국회에 보고하여 그 승인을 얻어야 한다.
④ 제3항의 승인을 얻지 못한 때에는 그 처분 또는 명령은 그때부터

효력을 상실한다. 이 경우 그 명령에 의하여 개정 또는 폐지되었던 법률은 그 명령이 승인을 얻지 못한 때부터 당연히 효력을 회복한다. ⑤대통령은 제3항과 제4항의 사유를 지체없이 공포하여야 한다.

제77조 ①대통령은 전시·사변 또는 이에 준하는 국가비상사태에 있어서 병력으로써 군사상의 필요에 응하거나 공공의 안녕질서를 유지할 필요가 있을 때에는 법률이 정하는 바에 의하여 계엄을 선포할 수 있다.
②계엄은 비상계엄과 경비계엄으로 한다.
③비상계엄이 선포된 때에는 법률이 정하는 바에 의하여 영장제도, 언론·출판·집회·결사의 자유, 정부나 법원의 권한에 관하여 특별한 조치를 할 수 있다.
④계엄을 선포한 때에는 대통령은 지체없이 국회에 통고하여야 한다.
⑤국회가 재적의원 과반수의 찬성으로 계엄의 해제를 요구한 때에는 대통령은 이를 해제하여야 한다.

제78조 대통령은 헌법과 법률이 정하는 바에 의하여 공무원을 임면한다.

눈여겨봐야 할 헌법 조항이 제77조입니다. 계엄과 관련된 내용입니다. 대통령이 계엄을 선포하면 모든 법률 체계가 중단됩니다. 1980년 광주 5·18민주화운동 당시 전국으로 계엄이 선포되며 군대가 정부의 권한을 대신했습니다. 국회의원과 정치인을 잡아가는 등 반대 세력을 탄압하며 전두환 정권 탄생에 길을 깔았습니다. 그때만 해도 계엄이 선포되면 막을 방법이 없었지만 이후 4항과 5항이 제정되어 '계엄의 광풍'을 제어할 여지가 생겼습니다.

제79조 ① 대통령은 법률이 정하는 바에 의하여 사면·감형 또는 복권을 명할 수 있다.

② 일반사면을 명하려면 국회의 동의를 얻어야 한다.

③ 사면·감형 및 복권에 관한 사항은 법률로 정한다.

제80조 대통령은 법률이 정하는 바에 의하여 훈장 기타의 영전을 수여한다.

제81조 대통령은 국회에 출석하여 발언하거나 서한으로 의견을 표시할 수 있다.

제82조 대통령의 국법상 행위는 문서로써 하며, 이 문서에는 국무총리와 관계 국무위원이 부서한다. 군사에 관한 것도 또한 같다.

제83조 대통령은 국무총리·국무위원·행정각부의 장 기타 법률이 정하는 공사의 직을 겸할 수 없다.

제84조 대통령은 내란 또는 외환의 죄를 범한 경우를 제외하고는 재직중 형사상의 소추를 받지 아니한다.

제85조 전직대통령의 신분과 예우에 관하여는 법률로 정한다.

대통령의 권한 중 하나가 제79조에 명기된 사면권입니다. 원칙적으로 처벌과 관련된 권한은 오로지 법원에만 있습니다. 그러나 대통령이 마음먹기에 따라 징역 10년 형을 받은 사람도 얼마든지 석방시킬 수 있습니다. 사면, 감형, 복권은 대통령의 막강한 권한입니다.

대통령의 권한이 아무리 막중하고 비대해도 민주주의를 크게 거스르는 잘못을 저지르거나 국가적으로 큰 피해를 준다면 국회가 탄핵할 수 있습니다. 제65조에 명기된 내용입니다. 대통령에 대한 탄핵소추는 국회의원 3분의 2 이상이 찬성해야 합니다. 박근혜 전 대통령의 탄핵안은 2016년 12월 9일 재적 국회의원 299명 중 3분의 2가 넘는 234명의 찬성으로 가결시켰습니다. 탄핵 여부를 최종적으로 심의하는 헌법재판소는 2017년 3월 10일 헌법재판관 전원일치로 탄핵안을 찬성, 인용함으로써 탄핵을 결정했습니다. 결정 즉시 박 대통령은 파면되었고 규정에 따라 그로부터 60일 이내 대통령 선거가 치러졌습니다.

제2절 행정부

제1관 국무총리와 국무위원

제86조 ① 국무총리는 국회의 동의를 얻어 대통령이 임명한다.

② 국무총리는 대통령을 보좌하며, 행정에 관하여 대통령의 명을 받아 행정각부를 통할한다.

③ 군인은 현역을 면한 후가 아니면 국무총리로 임명될 수 없다.

제87조 ① 국무위원은 국무총리의 제청으로 대통령이 임명한다.

② 국무위원은 국정에 관하여 대통령을 보좌하며, 국무회의의 구성원으로서 국정을 심의한다.

③ 국무총리는 국무위원의 해임을 대통령에게 건의할 수 있다.

④ 군인은 현역을 면한 후가 아니면 국무위원으로 임명될 수 없다.

제2관 국무회의

제88조 ① 국무회의는 정부의 권한에 속하는 중요한 정책을 심의한다.

② 국무회의는 대통령·국무총리와 15인 이상 30인 이하의 국무위원으로 구성한다.

③ 대통령은 국무회의의 의장이 되고, 국무총리는 부의장이 된다.

제89조 다음 사항은 국무회의의 심의를 거쳐야 한다.

1. 국정의 기본계획과 정부의 일반정책
2. 선전·강화 기타 중요한 대외정책

3. 헌법개정안·국민투표안·조약안·법률안 및 대통령령안

4. 예산안·결산·국유재산처분의 기본계획·국가의 부담이 될 계약 기타 재정에 관한 중요사항

5. 대통령의 긴급명령·긴급재정경제처분 및 명령 또는 계엄과 그 해제

6. 군사에 관한 중요사항

7. 국회의 임시회 집회의 요구

8. 영전수여

9. 사면·감형과 복권

10. 행정각부간의 권한의 획정

11. 정부안의 권한의 위임 또는 배정에 관한 기본계획

12. 국정처리상황의 평가·분석

13. 행정각부의 중요한 정책의 수립과 조정

14. 정당해산의 제소

15. 정부에 제출 또는 회부된 정부의 정책에 관계되는 청원의 심사

16. 검찰총장·합동참모의장·각군참모총장·국립대학교총장·대사 기타 법률이 정한 공무원과 국영기업체관리자의 임명

17. 기타 대통령·국무총리 또는 국무위원이 제출한 사항

제90조 ① 국정의 중요한 사항에 관한 대통령의 자문에 응하기 위하여 국가원로로 구성되는 국가원로자문회의를 둘 수 있다.

② 국가원로자문회의의 의장은 직전대통령이 된다. 다만, 직전대통령이 없을 때에는 대통령이 지명한다.

③ 국가원로자문회의의 조직·직무범위 기타 필요한 사항은 법률로 정한다.

제91조 ① 국가안전보장에 관련되는 대외정책·군사정책과 국내정

책의 수립에 관하여 국무회의의 심의에 앞서 대통령의 자문에 응하기 위하여 국가안전보장회의를 둔다.

② 국가안전보장회의는 대통령이 주재한다.

③ 국가안전보장회의의 조직·직무범위 기타 필요한 사항은 법률로 정한다.

제92조 ① 평화통일정책의 수립에 관한 대통령의 자문에 응하기 위하여 민주평화통일자문회의를 둘 수 있다.

② 민주평화통일자문회의의 조직·직무범위 기타 필요한 사항은 법률로 정한다.

제93조 ① 국민경제의 발전을 위한 중요정책의 수립에 관하여 대통령의 자문에 응하기 위하여 국민경제자문회의를 둘 수 있다.

② 국민경제자문회의의 조직·직무범위 기타 필요한 사항은 법률로 정한다.

제3관 행정각부

제94조 행정각부의 장은 국무위원 중에서 국무총리의 제청으로 대통령이 임명한다.

제95조 국무총리 또는 행정각부의 장은 소관사무에 관하여 법률이나 대통령령의 위임 또는 직권으로 총리령 또는 부령을 발할 수 있다.

제96조 행정각부의 설치·조직과 직무범위는 법률로 정한다.

대한민국 헌법은 대통령의 막강한 권력을 견제하는 장치를 구체적으로 명시해 놓았습니다. 행정부를 구성하는 국무총리, 국무위원과 국무회의 및 행정각부, 감사원도 자세하게 규정해 놓았습니다.

제4관 감사원

제97조 국가의 세입·세출의 결산, 국가 및 법률이 정한 단체의 회계검사와 행정기관 및 공무원의 직무에 관한 감찰을 하기 위하여 대통령 소속하에 감사원을 둔다.

제98조 ① 감사원은 원장을 포함한 5인 이상 11인 이하의 감사위원으로 구성한다.
② 원장은 국회의 동의를 얻어 대통령이 임명하고, 그 임기는 4년으로 하며, 1차에 한하여 중임할 수 있다.
③ 감사위원은 원장의 제청으로 대통령이 임명하고, 그 임기는 4년으로 하며, 1차에 한하여 중임할 수 있다.

제99조 감사원은 세입·세출의 결산을 매년 검사하여 대통령과 차년도 국회에 그 결과를 보고하여야 한다.

제100조 감사원의 조직·직무범위·감사위원의 자격·감사대상공무원의 범위 기타 필요한 사항은 법률로 정한다.

감사원은 헌법과 법률이 정한 기관인 공무원 조직이 제대로 일하는지, 예산을 잘 쓰는지 등을 감사합니다. 감사원은 행정부의 경찰이자 검찰이라 하겠습니다. 다만 대통령의 직속 기관인 탓에 대통령의 '의중'에 따라 움직일 수도 있다는 우려도 있는 게 사실입니다.

미국과 캐나다는 감사원이 의회 소속이라 행정부로부터 독립돼 있습니다. 독일, 프랑스는 감사원이 어디에도 소속되지 않고 독립적으로 활동하며 대통령과 행정부는 물론이고 국회와 법원까지 감사할 수 있습니다. 우리도 감사원을 제4의 독립기구로 만들거나 미국처럼 의회 소속으로 할 필요가 있다고 생각합니다.

제5장 법원

제101조 ① 사법권은 법관으로 구성된 법원에 속한다.
② 법원은 최고법원인 대법원과 각급법원으로 조직된다.
③ 법관의 자격은 법률로 정한다.

제102조 ① 대법원에 부를 둘 수 있다.
② 대법원에 대법관을 둔다. 다만, 법률이 정하는 바에 의하여 대법관이 아닌 법관을 둘 수 있다.
③ 대법원과 각급법원의 조직은 법률로 정한다.

제103조 법관은 헌법과 법률에 의하여 그 양심에 따라 독립하여 심판한다.

제104조 ① 대법원장은 국회의 동의를 얻어 대통령이 임명한다.
② 대법관은 대법원장의 제청으로 국회의 동의를 얻어 대통령이 임명한다.
③ 대법원장과 대법관이 아닌 법관은 대법관회의의 동의를 얻어 대법원장이 임명한다.

제105조 ① 대법원장의 임기는 6년으로 하며, 중임할 수 없다.
② 대법관의 임기는 6년으로 하며, 법률이 정하는 바에 의하여 연임할 수 있다.
③ 대법원장과 대법관이 아닌 법관의 임기는 10년으로 하며, 법률이 정하는 바에 의하여 연임할 수 있다.
④ 법관의 정년은 법률로 정한다.

제106조 ① 법관은 탄핵 또는 금고 이상의 형의 선고에 의하지 아니하고는 파면되지 아니하며, 징계처분에 의하지 아니하고는 정직·감봉 기타 불리한 처분을 받지 아니한다.
② 법관이 중대한 심신상의 장해로 직무를 수행할 수 없을 때에는 법률이 정하는 바에 의하여 퇴직하게 할 수 있다.

제107조 ① 법률이 헌법에 위반되는 여부가 재판의 전제가 된 경우에는 법원은 헌법재판소에 제청하여 그 심판에 의하여 재판한다.
② 명령·규칙 또는 처분이 헌법이나 법률에 위반되는 여부가 재판의

전제가 된 경우에는 대법원은 이를 최종적으로 심사할 권한을 가진다.
③ 재판의 전심절차로서 행정심판을 할 수 있다. 행정심판의 절차는 법률로 정하되, 사법절차가 준용되어야 한다.

제108조 대법원은 법률에 저촉되지 아니하는 범위안에서 소송에 관한 절차, 법원의 내부규율과 사무처리에 관한 규칙을 제정할 수 있다.

제109조 재판의 심리와 판결은 공개한다. 다만, 심리는 국가의 안전보장 또는 안녕질서를 방해하거나 선량한 풍속을 해할 염려가 있을 때에는 법원의 결정으로 공개하지 아니할 수 있다.

제110조 ① 군사재판을 관할하기 위하여 특별법원으로서 군사법원을 둘 수 있다.
② 군사법원의 상고심은 대법원에서 관할한다.
③ 군사법원의 조직·권한 및 재판관의 자격은 법률로 정한다.
④ 비상계엄하의 군사재판은 군인·군무원의 범죄나 군사에 관한 간첩죄의 경우와 초병·초소·유독음식물공급·포로에 관한 죄중 법률이 정한 경우에 한하여 단심으로 할 수 있다. 다만, 사형을 선고한 경우에는 그러하지 아니하다.

제6장 헌법재판소

제111조 ① 헌법재판소는 다음 사항을 관장한다.
1. 법원의 제청에 의한 법률의 위헌여부 심판

2. 탄핵의 심판

3. 정당의 해산 심판

4. 국가기관 상호간, 국가기관과 지방자치단체간 및 지방자치단체 상호간의 권한쟁의에 관한 심판

5. 법률이 정하는 헌법소원에 관한 심판

② 헌법재판소는 법관의 자격을 가진 9인의 재판관으로 구성하며, 재판관은 대통령이 임명한다.

③ 제2항의 재판관중 3인은 국회에서 선출하는 자를, 3인은 대법원장이 지명하는 자를 임명한다.

④ 헌법재판소의 장은 국회의 동의를 얻어 재판관중에서 대통령이 임명한다.

제112조 ① 헌법재판소 재판관의 임기는 6년으로 하며, 법률이 정하는 바에 의하여 연임할 수 있다.

② 헌법재판소 재판관은 정당에 가입하거나 정치에 관여할 수 없다.

③ 헌법재판소 재판관은 탄핵 또는 금고 이상의 형의 선고에 의하지 아니하고는 파면되지 아니한다.

제113조 ① 헌법재판소에서 법률의 위헌결정, 탄핵의 결정, 정당해산의 결정 또는 헌법소원에 관한 인용결정을 할 때에는 재판관 6인 이상의 찬성이 있어야 한다.

② 헌법재판소는 법률에 저촉되지 아니하는 범위안에서 심판에 관한 절차, 내부규율과 사무처리에 관한 규칙을 제정할 수 있다.

③ 헌법재판소의 조직과 운영 기타 필요한 사항은 법률로 정한다.

제5장 101조 1항, 사법권은 법관으로 구성된 법원에 속합니다. 국회가 국회의원으로 구성되는 것처럼 법원도 법관인 판사로 구성됩니다. 1심, 2심, 3심의 심급제도를 두어 정확한 판결과 억울하게 처벌받는 사람을 구제할 수 있게 규정해 놓았습니다.

제7장 선거관리

제114조 ① 선거와 국민투표의 공정한 관리 및 정당에 관한 사무를 처리하기 위하여 선거관리위원회를 둔다.

② 중앙선거관리위원회는 대통령이 임명하는 3인, 국회에서 선출하는 3인과 대법원장이 지명하는 3인의 위원으로 구성한다. 위원장은 위원중에서 호선한다.

③ 위원의 임기는 6년으로 한다.

④ 위원은 정당에 가입하거나 정치에 관여할 수 없다.

⑤ 위원은 탄핵 또는 금고 이상의 형의 선고에 의하지 아니하고는 파면되지 아니한다.

⑥ 중앙선거관리위원회는 법령의 범위안에서 선거관리·국민투표관리 또는 정당사무에 관한 규칙을 제정할 수 있으며, 법률에 저촉되지 아니하는 범위안에서 내부규율에 관한 규칙을 제정할 수 있다.

⑦ 각급 선거관리위원회의 조직·직무범위 기타 필요한 사항은 법률로 정한다.

제115조 ① 각급 선거관리위원회는 선거인명부의 작성등 선거사무와

국민투표사무에 관하여 관계 행정기관에 필요한 지시를 할 수 있다.
②제1항의 지시를 받은 당해 행정기관은 이에 응하여야 한다.

제116조 ①선거운동은 각급 선거관리위원회의 관리하에 법률이 정하는 범위안에서 하되, 균등한 기회가 보장되어야 한다.
②선거에 관한 경비는 법률이 정하는 경우를 제외하고는 정당 또는 후보자에게 부담시킬 수 없다.

제7장은 민주주의 꽃인 선거와 관련된 내용입니다. 선거관리는 제대로 해야 합니다. 우리나라는 과거에 부정선거 때문에 큰 고통을 겪었습니다. 4·19혁명의 도화선도 부정선거였습니다. 그렇기에 헌법은 '공정한 선거관리'를 따로 규정하고 있습니다. 선거관리위원은 정치적으로 엄정하게 중립을 지켜야 하고 특정 정당에 가입할 수 없고 정치에 관여할 수 없습니다.

제8장 지방자치

제117조 ①지방자치단체는 주민의 복리에 관한 사무를 처리하고 재산을 관리하며, 법령의 범위안에서 자치에 관한 규정을 제정할 수 있다.

② 지방자치단체의 종류는 법률로 정한다.

제118조 ① 지방자치단체에 의회를 둔다.
② 지방의회의 조직·권한·의원선거와 지방자치단체의 장의 선임방법 기타 지방자치단체의 조직과 운영에 관한 사항은 법률로 정한다.

제8장은 지방자치입니다. 예전에는 서울시장, 경기도지사 등 광역단체장을 대통령이 임명했습니다. 행정부의 내무부장관이 이들을 관리했기 때문에 관권선거나 공무원이 동원되는 선거가 치러지기도 했습니다. 지방자치는 위와 같은 폐해를 자연스럽게 없애 줍니다. 주민에 대한 행정 업무도 원활하게 이뤄지게 됐습니다. 지방자치는 주민을 주인으로 생각하는 제도입니다.

제9장 경제

제119조 ① 대한민국의 경제질서는 개인과 기업의 경제상의 자유와 창의를 존중함을 기본으로 한다.
② 국가는 균형있는 국민경제의 성장 및 안정과 적정한 소득의 분배를 유지하고, 시장의 지배와 경제력의 남용을 방지하며, 경제주체간의 조화를 통한 경제의 민주화를 위하여 경제에 관한 규제와 조정

을 할 수 있다.

제120조 ① 광물 기타 중요한 지하자원·수산자원·수력과 경제상 이용할 수 있는 자연력은 법률이 정하는 바에 의하여 일정한 기간 그 채취·개발 또는 이용을 특허할 수 있다.

② 국토와 자원은 국가의 보호를 받으며, 국가는 그 균형있는 개발과 이용을 위하여 필요한 계획을 수립한다.

제121조 ① 국가는 농지에 관하여 경자유전의 원칙이 달성될 수 있도록 노력하여야 하며, 농지의 소작제도는 금지된다.

② 농업생산성의 제고와 농지의 합리적인 이용을 위하거나 불가피한 사정으로 발생하는 농지의 임대차와 위탁경영은 법률이 정하는 바에 의하여 인정된다.

제122조 국가는 국민 모두의 생산 및 생활의 기반이 되는 국토의 효율적이고 균형있는 이용·개발과 보전을 위하여 법률이 정하는 바에 의하여 그에 관한 필요한 제한과 의무를 과할 수 있다.

제123조 ① 국가는 농업 및 어업을 보호·육성하기 위하여 농·어촌종합개발과 그 지원등 필요한 계획을 수립·시행하여야 한다.

② 국가는 지역간의 균형있는 발전을 위하여 지역경제를 육성할 의무를 진다.

③ 국가는 중소기업을 보호·육성하여야 한다.

④ 국가는 농수산물의 수급균형과 유통구조의 개선에 노력하여 가격안정을 도모함으로써 농·어민의 이익을 보호한다.

⑤ 국가는 농·어민과 중소기업의 자조조직을 육성하여야 하며, 그 자율적 활동과 발전을 보장한다.

제124조 국가는 건전한 소비행위를 계도하고 생산품의 품질향상을 촉구하기 위한 소비자보호운동을 법률이 정하는 바에 의하여 보장한다.

제125조 국가는 대외무역을 육성하며, 이를 규제·조정할 수 있다.

제126조 국방상 또는 국민경제상 긴절한 필요로 인하여 법률이 정하는 경우를 제외하고는, 사영기업을 국유 또는 공유로 이전하거나 그 경영을 통제 또는 관리할 수 없다.

제127조 ① 국가는 과학기술의 혁신과 정보 및 인력의 개발을 통하여 국민경제의 발전에 노력하여야 한다.
② 국가는 국가표준제도를 확립한다.
③ 대통령은 제1항의 목적을 달성하기 위하여 필요한 자문기구를 둘 수 있다.

제9장은 경제에 관한 헌법입니다. 기관은 아니지만 경제는 굉장히 중요하기 때문에 헌법으로 규정하고 있습니다. 그 가운데 제119조가 대단히 중요합니다.

경제 활동이 민주적으로 이뤄지도록 개혁한다는 '경제민주화'

가 명시되어 있습니다. 이는 자유경쟁의 장점을 유지하는 동시에 노동계급을 보호합니다. 아무리 사유재산과 기업의 경제 활동을 보장하지만 공공의 이익을 위해서는 국가가 규제할 수 있다고 함으로써 국가가 경제에 개입할 수 있는 조항도 만들어 놨습니다.

제10장 헌법개정

제128조 ① 헌법개정은 국회재적의원 과반수 또는 대통령의 발의로 제안된다.
② 대통령의 임기연장 또는 중임변경을 위한 헌법개정은 그 헌법개정 제안 당시의 대통령에 대하여는 효력이 없다.

제129조 제안된 헌법개정안은 대통령이 20일 이상의 기간 이를 공고하여야 한다.

제130조 ① 국회는 헌법개정안이 공고된 날로부터 60일 이내에 의결하여야 하며, 국회의 의결은 재적의원 3분의 2 이상의 찬성을 얻어야 한다.
② 헌법개정안은 국회가 의결한 후 30일 이내에 '국민투표에 붙여' 국회의원선거권자 과반수의 투표와 투표자 과반수의 찬성을 얻어야 한다.
③ 헌법개정안이 제2항의 찬성을 얻은 때에는 헌법개정은 확정되며, 대통령은 즉시 이를 공포하여야 한다.

제10장은 헌법개정에 관한 내용입니다. 나라의 최상위 법이 헌법이기 때문에 쉽게 바꿀 수 없습니다. 국민 모두 동의할 수 있어야 합니다. 1항은 국회 재적의원 과반수 또는 대통령의 발의로 제안된다고 분명히 하고 있습니다. 그렇지만 2항은 대통령의 임기 연장 또는 중임 변경을 위한 헌법개정은 제안 당시의 대통령에 대해서는 효력이 없다고 해 놓았습니다. 지금의 대통령 단임제를 설사 중임제로 개정한다고 해도 현 대통령에게는 적용되지 않는다는 것입니다. 정권 연장 수단을 원천적으로 봉쇄한 것입니다. 제안된 헌법개정안은 대통령이 20일 이상 그 내용을 국민에게 알려야 합니다. 국회는 개정안이 공고된 날부터 60일 이내에 의결해야 하는데 재적의원 3분의 2 이상이 찬성해야 합니다. 국회에서 개정안이 통과되면 30일 이내에 '국민투표에 부쳐' 결정됩니다. 제130조 2항의 '국민투표에 붙여'는 불행하게도 오타입니다. 오타 수정을 위해서라도 헌법을 시대에 맞게 바꿔야 하지 않을까요?

정치, 알아야 세상을 바꾼다

ⓒ 정청래, 2019

초판 1쇄 발행일 2019년 11월 30일
초판 4쇄 발행일 2019년 12월 23일

지은이   정청래
펴낸이   정은영
편집   최성휘 정사라 김정택
디자인   서은영 안선주
마케팅   이재욱 최금순 한지혜 김하은
제작   홍동근

펴낸곳   (주)자음과모음
출판등록 2001년 11월 28일 제2001-000259호
주소   (04047) 서울시 마포구 양화로6길 49
전화   편집부 (02)324-2347, 경영지원부 (02)325-6047
팩스   편집부 (02)324-2348, 경영지원부 (02)2648-1311
이메일   jamoteen@jamobook.com

ISBN 978-89-544-4030-1 (43340)

이 도서의 국립중앙도서관 출판예정도서목록(CIP)은 서지정보유통지원시스템 홈페이지
(http://seoji.nl.go.kr)와 국가자료공동목록시스템(http://www.nl.go.kr/kolisnet)에서
이용하실 수 있습니다.(CIP제어번호: CIP2019046785)